ラテン・バルカン

スケッチひとり旅

田代桂子
Keiko Tashiro

石風社

表紙カバー　表　メテオラの僧院（ギリシャ）
裏　カミニート　タンゴの店（アルゼンチン）
表紙　表　ロバで往く少年（トルコ）
裏　アッシジの裏通り（イタリア）
本扉　エヴォラ（ポルトガル）

ラテン・バルカン　スケッチひとり旅　◉目次

ラテン・バルカン

スケッチひとり旅

ポルトガルへ　一九九三年

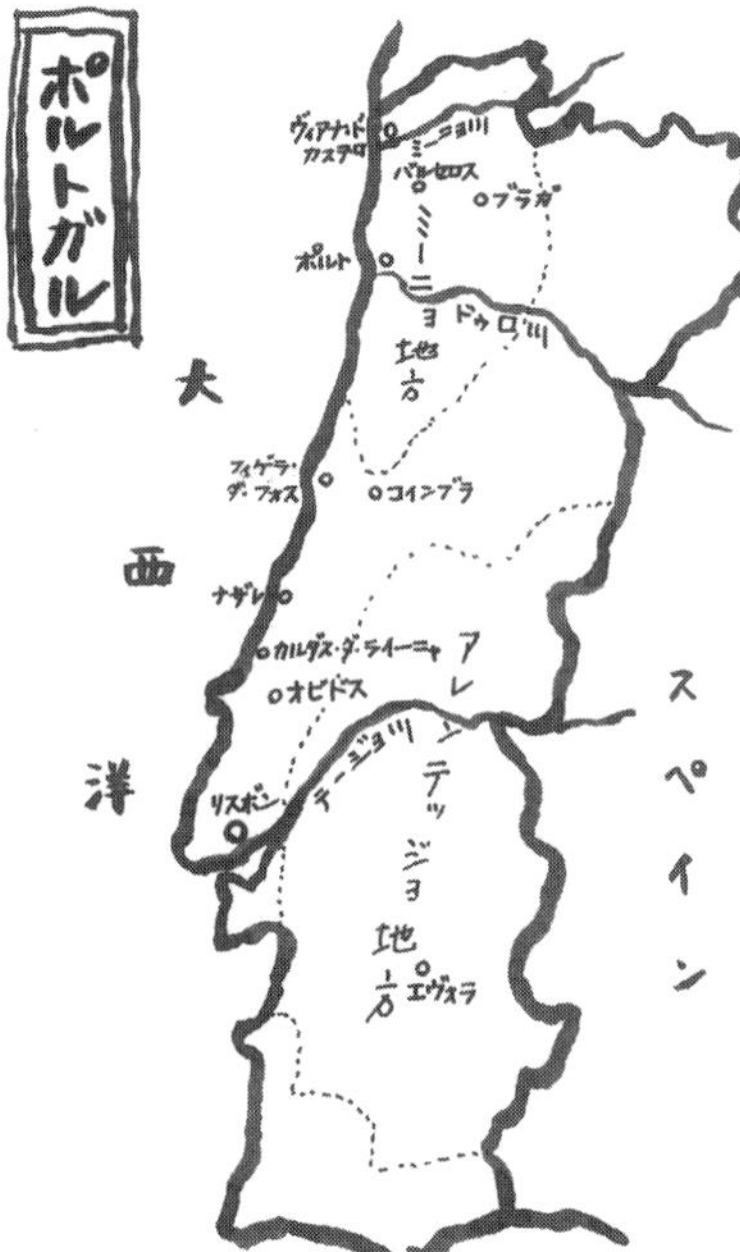

広告塔のキオスク

スケッチブックをもって外国を自由に旅するようになったきっかけは、二人の子供がそれぞれ就職と大学に巣立った事だった。

ポルトガル縦断四十日。細長く小さな国だし、北のヴィアナ・ド・カステロには兄が住んでいて、拠点にもでき、なにかと心強かった。

荷物はリュック一つで動きやすいようにした。

飛行機がヴィアナのちいさな空港に着くころ、窓の外を見ると、空港の芝生でサッカーをしている空港職員（?）が見え、飛行機が滑走路に入った時、ボールが機体の前を左から右へと転がると、職員の一人がまだ止まってもない飛行機の前を横切って拾いに走ったのだ。

日本ではありえない光景を見た時、私は一人旅の最初にこの国を選んでよかった、と思った。

ポルトガル一周

ヨーロッパに住んでいる日本人は多い。生活様式は変っても、食事は結構、日本食でやってるらしい。米や醤油、味噌を持っていれば、大概の日本食は出来るらしいが、どうしても手に入らないものが、大根、ごぼう、生姜等の根菜類とわかめ等の海藻類だそうだ。私はこれ等をポルトガルに住む兄達へのお土産に用意した。ただし、こういう食品は入国の際、うるさく取り調べられる。生ものに対するチェックばかりでなく、「他人へのプレゼント」などといえば国によっては税金として高い金額を取られるらしく、まず禁句にしなければいけない。

いよいよ入国となり「旅行中、自分で食べる為のものです（パーソナル・イフェクト）」を頭の中で繰り返しながら緊張して税関へ向った。

ところがカウンターもなければ人もいない。そこはもう出口になっていて、先にタクシーが並んでいるのが見えるだけだ。後で分った事だが、ポルトガルがEUに入ったばかりで、私の乗った飛行機がスペインのマドリード経由だったので、すでに入国審査を済ませた事になっていたらしい。

迎えに来てくれた兄夫妻は「こちら流の挨拶」と言いながら西洋式のハグをした。

ポルトガルの北の地方はミーニョベルデ（緑）と言われる程の緑豊かな土地で、空港から兄が住んでるヴィアナまでは街路樹のプラタナストンネルの中を過ぎると、ユーカリが林のように続き、ぶどう畑、オリーブ畑と続いている。

家に着くとすぐ、大西洋に面した窓側に設置した大きな望遠鏡を覗いて「あ、船が動き出した！」と言っている。色々な国のタンカーや貨物船が沖合に一旦止まり、ポルトガル入国の許可を得るまで、海上のその場に何日も留っているのだそうだ。兄達の生活は東京より、かなりのんびりしているようだ。

三日程ヴィアナの町やカステロ（城）近くをスケッチしたりして過すと、ポルトガル一周の旅に出た。すべて急行バスを利用した。バスは町の中心と中心をつないでいるが、列車は街はずれを通り、運行本数も少ないからだ。

バスの切符売り場では、係の人が両手に席番号が書かれた紙を得意げにさっと広げた。二階バスなのだ。私は面白がって二階最前列の椅子を指定した。

が、来たのは二階などではなく、普通のバス。指定席の切符を見せ、車掌が「こちらです」と指し

ドューロ川

た椅子に訳のわからないまま座った。

それにしてもヨーロッパのバスは何という停留所についたのか、何も言わずに停車したり出発したりする。運転手は運転をするだけが仕事のようで、写真で見ていたポルトの橋の上を通った時は、つい大声で「降りまーす」と言ってしまった。

バスを降りてドン・ルイス一世橋に戻った。この橋は二層になっていて、上の高い橋は両岸の山手の中腹と中腹をつないでいる。

この橋の上に立つのがポルトでの目的だったのだ。広い空も川も全面、真っ青、引き込まれそうなポルトの町の全景が視界に収まる。

広いドューロ川には、ワイン運搬用の舟が並んでいる。広い川の左岸にはワイン会社が並び、右岸は小高い山の頂上に向って住宅がびっしり埋まっている。ポルトでの三日間は毎日、この橋周辺で過すことにした。

ポルトはポルトガルという国の語源でもあり、ポルトのワインはポートワインのことで、左岸では試飲して回る人たちの声で賑わっている。

まず、宿探し、と橋の右側に戻ると広場があった。一角にポリスの建物があり、その前にパトカーが一台止まっていた。近くに新聞や雑誌を売っているキオスクがあり、その奥に小さく「ホテル」と書かれた看板を見つけたのでドアを開けてみた。

目の前に狭い階段があって、何度か挨拶をしているうちに階段の上から「んー」の声と共に太くて大きな中年女性がスリップ一枚で髪の毛をふり乱してのっしのっしと降りて来た。

一瞬、身体が固まり、間違えたかと思った時、そのスリップ女も手で追い払う仕草をしながら「あんたが泊まる所ではない」と言った。

そのあと近くでちゃんとした民宿を見つけたが、あの、ジャック・レモンのコメディ映画にでも出て来そうな売春宿の入り口のなんとも言えないけだるさと、物憂げな臭いは、わたし達女性にとって一生知る事はないものを知ってしまった、という思いをいつまでも脳裏に残した。

オビドス

バスが南のアレンテージョ地方に入ると、気温はぐっと上り、乾燥していてこの国の特産品のオリーブやコルクの木が目立ってきた。

コルクの木は成長すると幹の外側のコルク質の部分をはぎ取り、ワインの栓などに加工する。至る所にはぎ取った皮状のコルクが山積みにされている。はぎ取られた幹は、回復していない瘡蓋《かさぶた》のように、赤黒くて痛々しい。

オビドスは「谷間の真珠」と呼ばれる通り可憐で美しい城下町だ。町に入ったとたん、何日でも居たいと思い、ひとまずペンサオン（民宿）に三泊の代金九〇〇〇円を払った

この宿には「ホテル」とは書かれてなく、ポルトガル語、英語、スペイン語、ドイツ語でただ「部屋」と書いている看板が入口の上に気をつけないと分らない程に慎ましく掛けてある。普通の三階建ての民家の二階と三階の四部屋を客室にしてバス室は共同になっていた。鍵は、玄関のカギと部屋の鍵の二つを持たされた。

オビドスは城下町、石を積み重ねた作りのどっしりとしたお城は今、高級ホテルになっていて、そのまわりには、狭い石畳の道がゆるやかに上ったり下ったりしている。赤い屋根、白壁の低い民家、

壁には植木鉢に入った赤やピンクのゼラニウムやベゴニア。どこを切り取っても絵になる町だ。

食事は付いていないので、いつもバルで済ませた。ポルトガルのバル（BAR）はワインやビールはもちろん、軽食用のサンドイッチやコーヒー、ジュースもあり、カウンターの上には、お店によって独自のおつまみを大皿にいろいろと作り分けて置かれている。どんなバルにもカウンターの上に大盛のオリーブの実がつき出しという形で置いてある。つまようじが剣山のように刺して置いてあるのを皆、自由に取っている。

私の好きな料理は、鱈《たら》のみじん切りとポテトを混ぜたてんぷらだ。タラのことをバカリャウと言い、バカヤローと聞こえてすぐに覚えられた。それにフェイジョアーダ。これは肉や豆の入った炊き込みごはんだが、コクのある味がとても美味しい。

毎日四十度を越す暑さだと言うのにアイスコーヒーという飲みものがバルにもカフェにもないので宿の三軒先のバルで作ってもらった。コップに氷（コンジェロ）を入れて、出来たてのコーヒーを入れて混ぜる。次の日から私がバルに入ると奥さんが「コンジェロ？」と聞いてきてアイスコーヒーが運ばれてくる様になった。

三日目の夜、外から「ハポネッサ（日本人）！　セニョーラ（女性）！」と大声がする。急いで降りて、ドアを開けるとコンジェロの奥さんがいきなり私の腕を掴んで何やら叫びながらバルへ走り、テレビの前に通された。ニュースで日本に何かあったらしいが終わったばかりだった。

彼女の表現では「バーン！　バーン！」と何度も奇声を発し、両手を激しく動かすが肝心のその「ペラペラ」の一語が分らない。ガスが爆発したのかテロ事件でもあったのか、場所は「トキオ」というのであり得るとは思ったが、それより、この奥さん、私が日本人である事や泊まっている宿、宿にテレビがない事などよく知ってるなーと、さすが観光客の少ない静かな町のバル、何でもすぐに話題になるのだと感心してオブリガーダ（ありがとう）、と店を出た。

後で、そのニュースを調べると、東京で震度4の地震があったそうだ。かなり揺れた様だ。それにしても地震を知らない彼女には、「バーン、バーン」と音が出るものらしい。可愛い奥さんだった。

リスボン

リスボンでは下町の朝食付きのホテルに決めた。この辺りはゆっくりスケッチしたいと思っていたアルファマも近い。

最初の朝はポルトガル初めての雨。朝食の場所、七階のレストランに入って驚いた。東側が全面総ガラスになっていて、そこからなんと、城壁、ロシオ周辺、城下町風景、沢山の煙突が見える。

水彩画は雨が降ったらにじみ、とても絵にならないので、朝食後、絵の道具を持って、またレストランに戻り、後片づけをしているウェイターに描かせてもらえるかと尋ねると、どうぞ、どうぞとテーブルや椅子をセットしてくれた。

こういう所は食事が済むと、片づけして電気を消して閉めてしまう。

ありがたい、ありがたい、と感謝しながら描いているとウェイターがコーヒーセットをワゴンに乗せて来て「どうぞ」と言う。注文はしてないが、代金を払おうとすると、「いらない、ゆっくり描いて下さい」と言って出て行ってしまった。

リスボンの第一日目はついていると、感謝しながら二枚描き終ったころは、もうすっかり南国のギラギラ大陽に戻っていた。

外に出てロシオ周辺を歩いてみた。角の先の坂道に紫色の花を見つけた。幹も枝も花の広がり方も、まるで桜、絵を描いた後、何人かの人に聞いて「ジャカランダ」と分かった。初めて見た花だが、その後、旅を続けているうちに南ヨーロッパ、メキシコ、ハバナなどでも見るようになったし、この坂道での感動がまさか二十二年後に原産地のアルゼンチンへ、ジャカランダの旅をすることになるとは思ってもみなかった。

アズレージョ

ロシオ広場の先のサンタ・アポローニャ駅のアズレージョを見た。

アズレージョとはポルトガル特有の「絵タイル」の事である。

都市や小さな田舎町に拘わらず、教会の壁面には必ずキリストの物語などが描かれ、また、駅の中にも壁一面、高い天井に至るまで、その町の物語りや歴史などが青色の濃淡だけで表現されていて圧巻。アズールとは「青」のこと、空や海の青に対するあこがれは日本でも染物、焼物などで追求されていて人にとっては永遠の色なのだろうか。

タイルの大きさは二〇センチから三〇センチの正方形のもので、それを壁面の大きさ分並べて一つの絵を描き、釉薬《ゆうやく》をかけて焼く。教会の定礎迄「ANNO（年）1628」とタイルに焼いていたり、「ルシア通り」「ノッサの家」といった通りの名前や表札までもアズレージョ。図柄にはありとあらゆるものがあり、動物、鳥、魚からブドウなどの木の実や葉、それにポルトガルの歴史、神話、三角帽子を被った中国人、果ては髪を花魁《おいらん》髪に結い上げ三味線を弾くきもの姿の青い目の女性、アールヌーボー、アラベスク、更紗紋様、もう、なんでもありだ。

ドゥロ川

ついでに本屋に行ってアズレージョの本を探した。カラーの多い本を選んだら、食費はもちろん、ホテル代もバス代も何でも安い国と思っていたこのポルトガルで、一万千八〇〇エスクード（九五〇〇円）もする。日本でもこの手の豪華版はせいぜい四～五千円のものなのに。

それでも珍らしい本だからと、覚悟してレジに行くと、今度は五パーセントの追加料金を払えと言う。外国人だからか？　現金払いだからか？　私が納得いかなくて、店員たちに片言の質問攻めをしていると店の主人が目の前に現われ、私に分らない「ペラペラ」とひとこと言って、こればかりは、と困った顔をする。私はバッグの中から持ってきたポルトガル語の辞書を出して店長に渡すと彼はページを開いて私に見せ、「税金」を指している。

どうやらこの国は生活用品は安く、その上、税金もかからない。が、本代は高く、その上に税金がかかる。日本もそのころ、消費税導入という未知の事態で国中が大騒ぎをしていた。

私はホッとした笑顔の店員達に見送られて本屋を出た。

ファド

夜はファドを聴きに行った。

「過去を持つ愛情」というフランス映画の中でアマリア・ロドリゲスが歌って多くの人の心を魅了した、あのファドだ。

十年前、リスボンで初めて生のファドを聴いてから、話しかけるような、心の奥を揺さぶるような歌をもう一度聴きたいと思っていた。

リスボンのバイロアルト周辺にはファド・レストランが軒を連ねていて、夜になると活気づく。九

ファドレストランにて

時ごろから始まり、真打ち（とり）の歌い手が出るのは夜中になる。女一人で店選びするのに自信がなくてホテルの人に相談してみたら、同じホテルに泊っている五人のフランス人が今夜聴きに行くから、一緒にツアーを組んではどうかと教えてくれたので、喜んでその話に乗った。

ファド・レストランの中は暗く、客席より十五センチ程高くなっているだけの舞台にも赤いランプが一つ点《つ》いているだけだった

黒い服をまとい、その上に縁取りの糸を長く抜いた黒いスカーフを肩にかけた女性が、ギターとヴィオラだけの伴奏で歌う素朴なものだ。

ファドには「宿命」という意味があるそうだが、失恋の歌や過ぎた日への郷愁など、人の心もようを特有のつぶした様な切ない声で歌う。時々、観客と同じテーブルから「オーレ」と合いの手が入り、これが私にはため息のように感じられた。

終わったのは夜中の十二時半だった。

スペイン　サンチャゴ巡礼路を往く

一九九五年　夏

石の街

六年前にバルセロナのカタロニア美術館で衝撃的な中世絵画を見た時から、これ等の絵が生れたサンチャゴ巡礼の地をゆっくり歩いてみたいという思いが続いていた。

サンチャゴ（聖ヤコブ）の千年前の墓が発見された場所はサンチャゴ・デ・コンポステーラと呼ばれ、立派な聖堂が立てられ、さらに千年もの間世界中から巡礼者達を惹《ひ》きつけている所だ。

巡礼路のコースはいくつかあるが、私は多くの人が利用したフランスとの国境、ピレネー山脈の中腹あたりまでのスペイン北部を東西に横切る道を選んだ。その巡礼路に多くのロマネスク美術が存在しているのを知ったからだ。

巡礼者によっては千キロもの山を越え谷を歩いてサンチャゴに到達する人も多いらしいが、途中病いに倒れる人、亡くなる人も多く、次第に教会や宿、病院、橋などのロマネスク建築と呼ばれるものが増え、教会を中心にいくつもの街さえ出来ていった。

私も場所によっては歩いたり、列車を利用したりしながら探しものでもするみたいに出発した。

サン・イシドロ教会

巡礼の主人公、サンチャゴ大聖堂を出発地にして東へ東へ移動する。

サンチャゴ・デ・コンポステーラに三泊して聖堂の奥の聖ヤコブの二千年前の遺体（！）を見たり正面広場での吹奏楽の練習風景をスケッチしたり裏道りを歩いたりしてから、列車でレオンに向った。

レオンのサン・イシドロ教会の礼拝堂に入って驚いた。

ロマネスクの森

部屋の中は柱だらけ、「交差リブ・ボールド様式」という柱と柱を上でアーチ型にすれば力学上平坦な天井がより高く出来るそうだ。

アーチの天井いっぱいキリストの物語、使徒、山や川、花、果実、生きものなどが描かれ、立つ位置によってカーブした天井の絵が変化していく。

何もない、ただひたすら柱と天井の聖堂の中は、花々が咲き乱れる森の中にいるみたいだ。

歩き疲れた巡礼者達はこの部屋で元気をとり戻したに違いない。私は一人スケッチをして幸せな時を過ごした。


その後、ブルゴスなどの歴史のある町を点々としてパンプローナに着き、ここを拠点に近郊の町を巡る事にした。

フランシスコ・ザビエルが生まれ育ったザビエル城に行ってみた。辺境のザビエル村の丘の上には石を積み上げて作り上げた千年前の城が何もない岩山の上にどっしりと建っている。幼いザビエルは下を通る巡礼者達をどのような目で眺めていたのだろうか。

中世

ソス・デル・レイ・カトリコという町へは前から一度行ってみたかった。

街全体が中世、だそうだからだ。

中世。この言葉は、わたしには魔女裁判、錬金術、薔薇十字等、何やらおどろおどろしい秘密めいた誘惑の響きがある。

パンプローナには大きなバスターミナルがあり、いくつものバス会社が入っていて、列車の通っていない近郷の町を網の目のように行き来している。ソスに行くにはサラゴサ行きに乗り、途中乗り換えるように教えられてバスに乗り込んだ。

出発直前に一人の東洋人が、私の座席の通路を挟んで二つ前の座席に腰かけるとバスは満席で出発した。日本人ではなさそうだが、久しぶりに見る同じ肌の色の人に興味と懐かしさを持った。

ところが彼は満員の乗客の中ですぐに目立つ存在になった。

バスが停車する度に腰を浮かして降りる人、乗る人に紙を見せては「サラゴサ?」「サラゴサ?」と聞くのだ。降りようとする人は顔の前に突然さし出された紙を手で払い除けながら「ノッ!」と怒っている。

長距離でも短距離でも終点以外にはバス停の標識がなく、運転手は運転するだけが仕事なので黙って止まったり出発したりする。日本ではあり得ないバスの乗り方だ。

それにしてもサラゴサが終点ということも知らずに乗ったのか落ちつかない東洋人だ。

私は目を合わせないよう、ずっと下を向いていたのに、ふと顔を上げたとたん、彼の目とぶつかった。驚いた顔をしたので私は「サラゴサ四時」と手を使って教えた。その男は目を見開いて納得した様子だったが、しばらくして立ち上がり、横の通路に来て「四時? サラゴサに?」と聞いて来る。よほど不安だったのか自分の席に戻ろうとしないで話し始めた。どちらもひどい英会話だ。

中国人、二五歳、サラゴサの中華料理店で料理の勉強をする、と話すころには落ちつきをとり戻した顔に目がキラキラしていた。

私は調子に乗って元気な中国人を励ましながら、乗り換えるはずの駅を通過してしまった。終点で降り「サンキュー」をくり返してタクシーに乗る彼を見送った後に、自分のバカさ加減にうんざりしながら二時間後にソスを通るバスが出るのを待った。バスターミナルでたまたまソスに行くという女性と知り合い、今度は乗り越さなくてすむようになった。

バスはサラゴサの街を過ぎると次第に田畑が増えて、いくつかの低い山を越えるうちに乗客が一人二人と減り、ソスに着いた時はわたし達二人になっていた。

終点はまだ三十分も先なのにわたし達が降りるとあとから運転手も降りて来て手足を伸ばしている。

バスが停った所は山道の一軒の廃墟の前、見渡す限り田畑が広がっていて遠くに農家がぽつんぽつんと見える。

ここが「中世」か……？

どこにもそれらしい所は見当たらず、女性は山の方を指して「向こうにホテルがあります」と挨拶をすると農道を歩いて行ってしまった。もうすぐ日が暮れる、このまま一人置いていかれたら……と不安な気持ちで彼女の後ろ姿を見ていると、運転手が「山の上まで送ってあげよう」と言ってリュックをバスに戻した。神の声のように聞こえた。

バスは車道から狭い山道に入ると突然、ぼろぼろの古い石壁に挟まれていた。この灰色の世界はひょっとしてここが中世か、と思っていると運転手が「ホテルだ」と言って止めた。

入り口には重厚な木製ドアの横にステンドグラスのランプが付き、騎士が使う盾のような金属板にホテル名が彫ってある。

わたしは運転手に心から感謝の挨拶をすると彼はバスの窓から「良い旅を！」と答えてホテルの前でターンして、もと来た道の方へ戻って行った。

そこはスペイン国営ホテルのパラドールだった。

パラドールというのは、昔の城や王宮、修道院等を改造してホテルにしている所が多い。建物はもちろん、家具、調度品もアンティークで、風光明媚な立地条件などから一年も前に予約しなければ泊れない所もある程の人気で二万円以上の所もある。

他に行く場所はないし、とび込みでも一つぐらいの部屋なら何とかなるだろうと入ってみると、やはりチェックイン出来た。しかも夏はシーズンオフで一泊六〇〇〇円だった。実はパラドールに泊まるのが夢だったのだ。

この、ソス・デル・レイ・カトリコという町は八〇〇年（！）ものイスラム支配を、イサベル女王と共にカトリックにとり戻したアラゴン王フェルナンドの生誕の地なのだ。

廊下には等身大の中世のドレスを着た木彫の女性像がある。スペイン女王イサベル像だろうか。

部屋に入り荷物台の上にリュックを置くと、まずゴブラン織りのベッドカバーの上に背中から飛び乗った。木で組んだ天井が高い。

テレビがあった。スイッチを押してみると映画「カサブランカ」が放映されていて、チャンネルを変えると日本の「おしん」がスペイン語で泣いていた。

ドタバタの一日の疲れが出たのか、次の日遅くに目が覚めて気分良く外にとび出すと、そこに不思議な世界があった。

人がやっとすれ違えるでこぼこ道の両側には、小さな石を積み上げて造った民家がびっしりくっついている。音もない、動くものもない。不揃いのつるつるになった石畳には強い太陽の光が作る家々の影だけが続いていた。わたしは迷い込んで、もう出られないのじゃないかと思った。

歩いている人影を見た、と思うと見失って一瞬、時が止まる。また動くものを見た。今度は小さな女の子だった。いくらか平たくなっている狭い空き地で三輪車に乗って遊んでいる。赤い服を着た女の子に「こんにちは」と言うと恥しそうに笑って「こんにちは」と答えてくれた。

草の中にあざみの花を見つけてホッとする。

ここは大きな岩山の上にできたような町だった。中央に寺院が建てられ、それをとり囲むように人々は石を積み上げて棲みついた。

わたしは、息を潜めて歴史をとどめている中に侵った。レンガ色の屋根や青い空を見つけては絵を描きまくったが、この昂奮にもかかわらず、三日目には緑のオアシスが欲しくなった。

出発の準備をしていると窓の下から「シンディ！」と呼ぶ声がした。

シンディと言えば、私が娘のころ流行《はや》ってよく口ずさんだ「シンディ・オー・シンディ」というアメリカのラヴソングを思い出した。太い木製の観音開きの窓を開けて下を見ると「んー……」という返事でのっそりと出て来たのは、肥り方も半端じゃないおばあちゃんだった。年老いた二人はマイカーでこのホテルを出る所だった。

あらー、シンディも年取るのねと、おかしくなって元気が出た。

ピレネー山脈の村

ハーカに着いた次の日の朝、バッグに菓子パンと水が入ってるか確認して出掛けた。この辺り、ピレネー山脈のふところの町にはレストランがなく、雑貨屋で買ったパンやお菓子をいつもリュックにストックしている。

町はずれのブナやモミの林を過ぎて麦畑の農道を山に向って歩いているうちに、水の流れが次第に近づき、鬱蒼とした雑木林の奥にロマネスクの美しい形をした橋が姿を現した。

大・小四つのアーチを持った橋は思っていたよりも大きい。広い道路が別にできてからは巡礼者達の目にも触れず、ただひたすら流れの上に架かって沈黙しているのがとてもぜいたくな光景に見える。

しばらくの間、木漏れ日の中で橋を眺め、絵を描いた。もう少しで仕上がるころ、霧雨気味になったのでスケッチブックを閉じて橋を渡ってみた。

その昔、山越えをしてフランスへ抜けるのに、どれだけの人がこの橋を渡ったのだろうか。王や王女が、鎧を付けた騎士たち、異端審問官、山賊、荷車、農婦、羊飼い、多くの巡礼の人々、ナポレオンは？　ゴヤは？　皆、サラセンのにおいをつけて渡ったに違いない。千年……。

ふと気がつくと曇りから青空に戻った山の麓に桜の木があった。ピレネーの峡谷の岩場に、大粒の真赤なサクランボが。

一つ、つまんでみた。プリンとして甘い。私は手の届く限り摘んでは食べてるうちに、深い自然の中で、自分が人間ではない別の生きものになったように感じた。ここは遠い時代の巡礼の地、山の神々もたわむれに私に果実を与えてくれたのかも知れない。

先には低い山が連なっている。その山に寄り沿うように川が音を立てて流れていて、細い道のような跡が川に沿ってみえる。

人々が踏みかためた土の痕跡はすでになく、小石を積み重ねた上に木の十字架を漆喰で固めただけの小さな祈りの塔が草むらの中に残っていた。

アラゴン料理店

町に戻り、プラタナスの公園の近くにレストランを見つけた。

おすすめ料理を注文したら久しぶりの大当たりだった。とろける様な生ハムの次に出てきたのはミンチボールやアルカチョーファという野菜の入った煮っころがしのような料理が懐かしくとても美味しい。

デザートの注文を聞きに来たウエイトレスに、先ほど描いてきた橋の名前を尋ねると、分らなくて料理人やお客さんまで私のテーブルに来てそれぞれ違う名前を言う。

そこへスーツをきちんと着こなした女性がテーブルの横に立った。

「わたしがこのレストランのオーナーです！」

背すじを伸ばして、髪を後ろできちっとまとめ、上下の赤いスーツに金のイヤリングとネックレス、座ってる私の上でにこりともしないで言葉の語尾をピシッと切る。

ウェイトレスに尋ねたのはいけなかったのだろうか、それともいつもお客にこの様な挨拶をするのだろうか。

「アラゴンへようこそ！」あ、ここはアラゴン州か、昔のアラゴン王国。

「その橋の名前はサン・ミゲル橋です！　アラゴン時代のものです！　あなたが今食べられた料理もアラゴン料理です！」

デザートの二色アイスクリームが運ばれてきて、一さじすくって口に運ぶと同時に、

「お味はいかがですか！」と上から声が飛んでくる。私も急いで「おいしい！」

ヴィックの橋

野菜を濾《こ》して作ったのと西洋梨のアイスクリームはどちらも珍らしくておいしかったが、じっと見られながら食べるのも息の詰まるものだ。

食事を終えると、彼女の「このアラゴン時代の建物をご紹介したい！」の申し出に喜んで中二階の糸車や、当時の生活を版画で表現してあるものを見たり、宴会場にまで入り、プリメラ・コムニオン（聖体拝領）のお祝いの席を見せてもらったりした。プリメラ・コムニオンはカトリックの行事で、子供が七〜八歳になると洗礼式を行う。日本の七・五・三のようなものだろうか、教会でミサを済ませた後、親戚一同でお祝いをする。

プリメラ・コムニオンの子は三人いた。男の子はまるで結婚式のようなネクタイに白いスーツ、女の子はロングドレスを着ている。白スーツの男の子が両手で箱をささげながら大人の間を渡り歩いている。目の前に箱を出された大人はその箱の中から何か取り出していた。その子が私の前を緊張して通った時、中を見たら葉巻きが沢山並んでいた。小さなウェディングドレスが女性達の前に止まる度にも歓声が上がっている。女性には別のものをあげているようだ。

パンプローナで出会ったプリメラ・コムニオンの一同は、公園のカフェテラスにどやどやとやってきて、ウェイターがあわてていくつかのテーブルを寄せて席を作っていた。この人達はワインとおつまみで一時間ほど騒いで引き揚げて行った。

女主人は博物館のような装飾品や彫刻、資料、木と皮で作られたふいご等までていねいに話してくれた。

十五世紀にカステリア王国のイサベル女王と結婚して、事実上スペインを統一し、しかも長年の悲願であるイスラム支配をカトリックの手にとり戻したのがアラゴンの王、フェルナンドである。

アラゴンなくして今のスペインはない、とでも言うように彼女は「アラゴン」をくり返した（画家のゴヤ、ダリ、映画監督のルイス・ブニュエル、建築家のガウディなどアラゴン出身の芸術家は多い）。

こんな時のためにと、私は日本語入りのハンカチを用意していたので彼女にお礼にあげると、「わたしに？」と胸に手を当て、やわらかい笑顔になった。

このレストランに入る時は、看板の装飾文字が読めなかったが、帰りにもう一度見直すと「コシーナ・アラゴネッサ（アラゴン料理店）」と読めた。

バルセロナ

ピレネーの山ひだの町や村を点々と移動するにはバルセロナからの方が便利だと教えてもらって、まだ暗いうちにハーカから列車に乗り途中乗り換えて十時間かかってバルセロナに着いた。

民宿を見つけた。一泊一七〇〇円。都会にしては安いが、石造り六階建てのマンション、エレベーターなしの五階部分が民宿になっていて、高めの石段を五階まで上り降りしなければならない。

スペインの宿泊施設は、ホテルの他にレジデンシア（住居）、オスタル（民宿）、アビタシオン（部屋）、カマ（ベッド）、などがあり、カマは一部屋にベッドがいくつも並んでいて個室ではないので安いが、まだ泊った事はない。

国の基準があって、部室数、使用人数からシャワー、トイレ、エアコン、電話、テレビ……などの有無によって、細かくランク付けされているそうだ。

ひとまず日が暮れるまで、ランブラス（散歩）通りをバルセロナ港まで散策することにした。

ランブラス通りは広い道路の真ん中を人が通っている。乳母車も車椅子の人もゆっくりと行ったり来たりしている。

大きな街路樹がどこまでも続いていて広い日陰を作り、所々に置かれているベンチはどれも埋まっている。バルや花屋などもありこのような歩道を作れる国は、人間優先、きっと文化意識も高いのだろうと感心してしまう。

私もその中の一人になって、昔、駅舎だったという市場をスケッチした。

港にある中央郵便局で人にハガキを出して、海沿いを歩くとコロンブスの塔にぶつかった。高すぎて新大陸の方を指している手は分るが顔の表情までは分らない。

その下にはコロンブスに手を貸し、航海の許可を出したイサベル女王のモニュメントもある。こんなに堂々とした体格の持ち主だったのか？　首は男の様に太く、肩幅は広く、薄いスカートにまつわりついて見える足や腕も太い。グラナダで見た絵では、馬上の彼女はずっときゃしゃな姿だった。スペインの黄金時代を築いた女性を表すのに、これだけの体形の方が説得力があるのだろうか、などと思いながら近くにあるはずのコロンブスの船「サンタ・マリア号」の復元船を捜したが、なかった。

遊覧船の切符を切っている人に尋ねると

「四年前に燃えた」と両手で炎のしぐさをする。

「見たのですか？」

「見てないが皆言っている」

そんなはずはない。わたしは三年前に北九州の戸畑港に来たその船をスケッチし、中も見せてもらったのだ。日本人が作ったこの復元船は形や大きさばかりでなく、船の材質、釘を使わない製造までそっくりに復元したそうで、洞海湾の波が岸壁に寄せると、サンタ・マリア号もパシャンパシャンと揺れていて、よくもこんな小さな船でアメリカ大陸まで横断したものだと感動したのを思い出す。

あとで宿の主人に聞いたら「燃えたのではなく、消えたのだ」そうだ。

ランブラスを戻り、王の広場まで来ると、古い寺院の階段に座ってギターを弾いて歌っている若い女性がいた。コインがいくらか入ったギターケースを前に置いていて、私もしばらく歌声を聴いた。

近くには汚れた服の物乞い女性が手を出して「神の……子どものため……食べるもの……」と呪文の様にくり返していて、リズミカルで音楽のようだ。

近くのゴシックらしい街角を見つけて、スケッチブックを石畳に置いて描き出した。さすがに狭い所でも人が立ち止まったり、日本人に声をかけられたりする。

絵を仕上げるころ、思いがけない事が起きた。

後ろで見ていた人が私の前にチャリン、と一〇〇ペセタ置いて行ったのだ。その人は観光客の様だった。肩から大きめのバッグを下げた短パンの後ろ姿を呆然と見ながら、私はしばらくして事態を把握した。

顔が熱くなって、とにかくその一〇〇ペセタを使ってしまおうと近くのバルへ走った。コーヒー代がちょうど一〇〇ペセタ。スペインのコーヒーはエスプレッソで、ミニカップに七分目ばかり入って濃い味だ。ひと口で飲み切ると気持ちがスカッとして落ちつき、私もこの次から何か入れ物を前に置いてみようか、などと考えた。

この旅のきっかけにもなったバルセロナのカタロニア美術館にはロマネスク絵画が集められていて、そのほとんどが作者不明だが、大きな画面いっぱいに描かれているキリストのじっとこちらを見る目線は、私達が言う、光とか、陰とか立体、奥ゆきだとかの西洋絵画とは全く別世界の絵だ。

千年前の絵画をもう一度見たくて行ったが、美術館は閉まっていた。入口の警備員が「今、改造中です。十月に開けます」と言う。だからこの美術館の開閉については出発前に東京のスペイン観光局に、問い合せていたのに。他の質問に対しては返事を送ってきたが、ここについては何も書いてなかったから平常通り開いているものと思っていたのに。

なんだか気が抜けて、近くのオープンカフェでカプチーノを飲んでいると、他に客がいないのでウエイターが何かと話しかけてくる。美術館はバルセロナオリンピック以降、閉まったままだそうだ。「十月に開ける？　ノーノー!!　十年だろ？」と言う。約束やきまりは破るためにある、と以前、スペイン人から聞いたことがある。

そして急に声をひそめて「ここの絵は皆、あちこちの教会から盗んできたものだ」と言い、両足を踏ん張り上に両手を広げ、大きな壁紙でもひっ剝がすように「バリバリッ」と声まで出して剝がす様子を演じた。

その演技に一緒に笑ったものの……あれは壁画だったのか。あの絵はイコンの様に大きな板に描かれたものだと思っていたが、まさか壁画だったとは知らなかった。

カトリック教徒だと言うウェイターがなぜ盗んだと言ったのか、少し分った気がした。

天井や壁一面に絵を描く場合は色が剝げないようにフレスコ画法が使われている。

フレスコ画は建築の途中、石壁を仕上げる漆喰が乾かないうちに水性のえのぐで絵を描かねばならず、絵は漆喰と同時に乾燥していくというもので、壁画は建物の一部なのだ。当時は教会などの建築を請け負うグループの中から早く、上手く描ける人に描かせていたらしい。

山の中の教会の壁画を現代の技術で切り取れば、その小さな教会は神の家とはならず手足をもがれたただの箱のような場所になったのではないか。

壁ごと絵を引っ剥がしたバルセロナ市と、その絵に魅了された私とは同じ罪を共有していたのだ。目の前にいるクリスチャンのウェイターに対して罪の意識みたいなものを感じた。主を亡くした教会は、今どうなっているのだろうか、行ってみようと思った。

これ等のロマネスクの絵が元来どこの教会にあったものかと絵の下に説明されていて、それをノートに記録していて良かった。ほとんどはサンチャゴ巡礼路の寒村が多く、その一つ、セウ・デ・ウルヘルのサン・ミゲル教会を探す事にした。

ガウディ

バルセロナから列車でピレネー山脈方面のロマネスクの旅を始めた。

初日はビックで降りて町を散策しながらゴーゴーと音を立てる急流の峡谷に出ると、目の前にロマネスクの橋が現れた。大小五つのアーチで出来た石造りが美しい。木陰で橋のスケッチをした。

次の日リポールに着いたのは午後、駅に降り立ったのは私一人。回りは何もない草地の一本道で遠く、山の麓に町が見える。

歩き始めたが、山に残雪があるというのに三十度越えの暑さの上、道には一本の木陰もなく、灼けた太陽が石畳に反射して下からも射してくる。この時ばかりは身長があと一〇センチでも高ければ……とチビを呪った。

ホテルはなく、町の入り口で会った男の子が教えてくれた所は看板も表札もない民宿だった。リュックを置いて出掛けると、すぐ近くに博物館があった。入場料を払って入ると広い一階も二階も私の他に誰れもいない。そのわりには、この辺り、千年近くのありとあらゆるロマネスクのものが、飾るとか展示するというよりは床に無造作に溜め置かれている。聖人やマリア像等大小さまざまの木彫や石像、巡礼者達の十字架やホタテ（サンチャゴ巡礼者が身に付けたりする象徴のようなもの）の数々、聖書、表紙が動物の皮で作られている何かの本と、もう宝の山だ。一つ二つポケットに入れても……と思った程だ。

外に出て、せめてもと博物館をスケッチしていると、広い水彩紙をまるめ抱えた人と出会った。その背の高い男性は近くにある古いロマネスクの教会の所に連れて行ってくれた。奇妙な祠だ。十字架の付いた深い屋根も壁もすべて野球のボール程の丸い石で出来ていてなんだかぶつぶつの生きものの様に見え、思わず「ガウディみたい」と言うと、彼は、

「そうです。この地方は昔からガウディだらけです」と言った。

そうか、ガウディだらけなんだ。

入り口には鍵が掛かっていてガラスの部分から中を覗くと、暗い中に手袋やくつ下、人形の腕、ぬいぐるみの脚などが天井からも壁からも、むくむくと湧き出るようにぶら下っている。日本にもこの様な祠はあるが知らない国の森の中はシュールの世界だ。

彼は自分の絵を見せてくれて、別れ際に名刺をくれた。十センチ正方形という派手なものでヘスス・ペセス・カサールと書いてある。ヘススとはイエス・キリストの事、派手なキリストさんだった。

サン・ミゲル教会

目的のセウ・デ・ウルヘルに着いた。小さな町だ。

サン・ミゲル教会は、町の案内図には載ってなくて何人かの人に尋ねても「知らない」「そんな教会はない」とさえ言われ、間違えたのかと不安になった。

ひとまず堂々とした大聖堂に入ってみた。

ドアは分厚い木造で、その上の左右にライオン親子の石像が飾られていて、聖堂はきらびやかさはないが、堂々としている。

壁側の椅子に男性が一人座っているのを見て、サン・ミゲル教会の事を尋ねてみると、「ここです」と、すぐ横を指した。暗くて分らなかったが壁と思っていた所はドアで、鍵が掛かっている。

男性が奥から鍵を持ってきて、ドアを開けてくれると、そこが探していたサン・ミゲル教会だったのだ。

あのフレスコ画はこんな小さな部屋にあったのか。

まっ暗く、ひんやりとしてカビの臭いのする殺風景な部屋から、一瞬入るのを拒否されているかのように感じた。ゆっくりと足を踏み入れた。明かり取りの小さな窓から細い光がさし込み、積み重ねられただけの石に囲まれて、暗い中に目が慣れてくると、あのカタロニア美術館に移された壁画の場所を探した。

祭壇近くの石が黒ずんでいるのに、その上部は湾曲の天井まで変色していない所があった。

あの絵はここに描かれていたのだ！　変色した部分は長年の蝋燭の煤煙に違いない。主を失った壁と向い合って、あの絵を当てはめてみた。長い長い間、どれだけの人々が、この素朴で力強いキリストや弟子たちに話しかけ、安らぎを得ていたのか。

国はおそらくこの壁画を山奥の街の人々や巡礼者達のためだけではなく、もっと多くの人達のために、相当の技術と費用を駆使してでも移し換えたかったのだ。壁画を失った教会には鍵がかけられた。

宗教を越えて私に強烈な印象を残した絵と、この町の素朴な人々の悲しみや怒りが二重になって、美術品とは一体何だろう、と考えた。

しばらくの間沈黙する石に囲まれて、久しぶりの湿気を体にとり戻して外に出ると、あい変らずの灼けつく太陽が待ち構えていた。

イタリアの風　一九九八年

骨董店の扉

イタリア縦断三カ月の旅を計画していた。

私はラテン系の国が好きだ。

ヨーロッパのポルトガル、スペイン、イタリア、フランス、それに中南米の多くの国々は軽快なラテン語系の言葉を使う。音楽や人々さえも軽快で明るく、気ままな旅をするには最高の国々だと思う。

それにソ連崩壊（一九九一年）のつめあと、とでも言うのかバルカン緒国のまだ落ちつかない国々の中でも、新らしい希望に向って歩き出したルーマニアとブルガリアにも二週間、足を伸ばすことも考えていた。

学生時代の友人を誘うとまもなく「行く！」と電話で返事が来た。彼女、裕子《ひろこ》さんは勤めていた美術の教師を早めに退職したばかりだった。

今度はしゃべりながら旅が出来る。しゃべりながら食事が出来る。二人いれば失敗も少なくてすむだろう。まずは何を着ていくか、美容室で髪を、それから……。

旅のコースは大まかに決めていたので移動の乗りものやホテル等の交渉を私がする事にして、裕子さんに会計を頼んだ。

ミラノ

ミラノに着いた。格安チケットだから直行便とは行かず、出来たばかりの、まだもたもたとしている香港新空港を経由して二十三時間かかったが、ホテルにリュックを置くと、すぐ街へ出た。

イタリアから別の国へ行く往復航空券を日本で買うと高くつく。イタリアでルーマニア往復の格安チケットが手に入れば行く、入らなければあきらめるつもりでいたので、まず旅行代理店を探した。それは思ったよりも早く見つかった。ミラノ⇅ブカレスト（ルーマニア）間の往復チケットが一万五〇〇〇円で買えた。ブカレスト⇅ソフィア（ブルガリア）間のも現地で探すつもりだ。

わたし達日本人は外国に行くのに海を越えないといけないのでどうしても飛行機に頼ってしまうがヨーロッパの人達は陸続きだから隣り町に行くような気分で、列車にするかバスにするか、歩いて行くか、又は飛行機にするかと、選択肢が多いので当然、飛行機代は安くなる。

ルーマニアに行くまでの三日間はミラノを満喫した。

切符なしでバスに乗ってしまったり、ロマ（ジプシー）の子供三人組に狙われたり、（この時は「だめ！」と言ったら「ブラボー！」と言って逃げた。何がブラボー！　なのか）ドゥオーモ前の広場ではアイスクリームを食べながら、騎馬警官たちのデモンストレーションを見たりした。

スフォルツァ城に行った。ミケランジェロの「ピエタ」は何度見てもいい。彼の晩年の未完の作品だそうだが、以前は部屋の隅にひっそりと置いてあり、それが作風や情況とがぴったり合って、その存在感に足が釘付になった。それが今回は立派な湾曲の壁に囲まれた部屋の、高い台座の上に設置されていて、なんだか遠くなった気がした。裕子さんは感激してスケッチしていた。

ブカレスト

ルーマニアの首都ブカレストに着いた。空港の中はうす暗い。その上、預けていたリュックの腰止め用のベルトがバラバラに出てきて、ポケットに入れていたボールペンや糊、テープ類はなくなっていた。民主化して日が浅いこの国の実情は厳しいかも知れない。

外に出る前にまずビザを取らなければ入国できない。その窓口の前にはビザ申請なのか両替なのか、多くの人で混雑している。どこに並ぶのか迷っていると、遠くから入国審査係の人が「ハーイ！　ジャパニー」と呼んでいる。まだビザを取ってないことを話すと「ノー、ジャパニＯＫ！」。この若いお兄さんがＯＫでも、国内のどこかでビザなしを見つかったら、という不安もあったが、時間をかけて分からない言葉を書き込んだり、質問されたりの手間が省けることの方が嬉しくて、二人して「サンキュー」で出てしまった。

外に出ると日差しの強さに驚いた。近寄ってくるタクシー運転手は皆、薄汚れた感じで鼻ひげをたくわえ、ギョロッとした目つきをしている。

運転手たちの「街まで五〇ドル（約六五〇〇円）」をやり過してバス停を探した。バス代は二五円。ビザ不用の理由も分からないうちにタクシー代とバス代のあまりにも違う値段、着いたその時から今まで持っていた基準が崩れて、返って頭の中がやわらかくなる気がした。切符を買う時は外国人だからとひと悶着したが、なんとか乗ったものの、どこで降りればホテルがあるのか分らないが、後ろの席のカップルが「今から探す」と言うので中央駅前で一緒に降りた。

駅舎は大理石で作られていて、出来たころは白亜のギリシャ神殿のようだったに違いないが、石は灰色に欠け落ち、駅前は埃っぽく舗装してない道路は水たまりばかり、多くの男達がうろうろしてわたし達をどこまでも目で追ってくる。

ホテルの中にも、そういう人が出入りしてどの人が従業員なのか分らない。話し合いで一人二〇〇〇円に決まったが、部屋にトイレ、シャワーがないばかりか、粗末な、中央が大きくへこんだベッドが一つあるだけだった。裕子さんは「あたし、ここに寝る」と、ドアの前の、人がやっと通れるくらいの床を指して張り切っているが、とにかく今夜はここで我慢することにして明日からのホテルを探しに出掛けた。

外は暑い！　持って来た携帯温度計は四五度を指している。こわれてるのかな、と建物の陰でじっとしてみると少し下った。

両替屋

ブルガリアへの格安チケットも探さなければいけない。それにはまず、この国の通貨「レイ」がいるので両替屋を探した。銀行よりレートがいいと聞いていたからだ。

両替屋の看板を見つけて入ると広くてガランとした板の間の入り口付近にはダンボールが積まれ中央には野菜を売っている人がいて、奥の方にも数人の人がいる、ここは市場だろうか。

正面にある、電話ボックスより少し大きめの部屋が両替屋で窓口に係の人がいて、壁には各国のレートが書かれた紙が貼ってある。

横から愛想のいいひげ男が「両替？」と近づくなり、にこにこして張り紙を指して「ＯＫ！　ジャパニ！」と説明を始めた。日本円はこの国では通用しないのでドルを持参して来た。今日はまず一〇〇ドルをレイに替えるつもりだ。

この窓口の人が両替屋さんかと思っていたが、ひげ男が世話焼きなのか、裕子さんは彼に一〇〇ドル渡すと、ポケットの中からかなり沢山のレイを出した。少額紙幣が多く、輪ゴムで束ねてある。わたし達は張り紙と同じ額になっているか二人で声を出して確認すると、ぴったりと合っていた。

すると男が「あと十二ドル出せ」と言い出した。わけの分らない人だと、私は窓口の人に「なぜ？」と聞いても肩をすぼめるばかり。どうやら男はここの両替屋とは関係ないらしい。そのうち男がルーマニア語でわめき出し、拒絶すると、「じゃあ返せ！」と声を荒げた。裕子さんが分厚い札束を返すと、男は一〇〇ドルを彼女に戻し、さっさと出て行った。

裕子さんが「新札の一〇〇ドルをあげたのに！こんな古い小さく折り畳んだのを戻してー」と悔やみながら紙幣の折り目を開いている。汚れた紙幣の折り目から一〇〇という数字でなく、一という数字がちらっと見えた！

わたしはくるっと振り向いて男の後を追い、一瞬、その大きな体つきにひるんだが、両手で男の腕に「離すもんか！」とぶら下がると同時に「コラッ！」と言った。男は観念して、テレ笑いしながら新札の一〇〇ドルを返してきた。そういうコトだったのか。

改めて正規の窓口で両替した後「さっきの男は何？」と聞くと「いつもこの辺りをうろうろしている」と答えたが、窓口の男も奥にいる男たちもグルではないにしても、あの男が成功した暁には分け前ぐらいはもらうのかも知れない。

駅の方に戻りながら二人共、まだ興奮を押さえ切れずに、初日いきなりの事件を始めから解剖しながら話している矢先に、あの張本人が歩いて来るのが見えた。向うも気が付いて近づくと、「ＯＫジャパニ！」と、手を振りながら悪気のカケラもない笑顔を見せるので、わたしもまた「コラッ！」とこぶしを挙げてみせた。

それにしても汚れた身なり、中年の毛だらけの太い腕の感触が気持ち悪くて、夜のシャワーの時は痛い程手を洗いまくった。

この事件のお陰かどうか分らないが、その日のうちに旅行代理店を見つけ、ブルガリア往復チケットを買い、大学の近くに少しは清潔な、ベッドがちゃんと二つある部屋を見つける事が出来た。

ソフィアのイコン

ソフィア（ブルガリアの首都）行きの出発時間の二時間前には空港に着く計算でバス停を探したが、これに手間取った。空港行きバス停は反対車線だと分っても道路がむちゃくちゃ広く、信号はめったにないので地下道トンネルの深い階段を下り、出口を間違えてまた階段のやり直し。重いリュックを捨てたい気分だった。

それでも一時間前には空港に着いたのに、職員から「遅い！」と叱られた。なぜ叱られたのか腑に落ちなかったが、飛行機は予定より早めに飛び立った。タロム航空というルーマニアの国際便は四〇人乗りのプロペラ機だった。なぜ叱られ、なぜ早めに飛び立ったのか判ったのは数日後だった。時差の事をすっかり忘れてわたし達はずっとイタリア時間で過ごしていたのだ。飛行場に着いた時間は飛行機の出発時間だったのだ。二人も揃っていながら……。

ブルガリアがまだ政情が不安だと感じたのは日本でのビザ取得の時だった。二〇〇ドル以上のホテルに二泊以上宿泊という予約証明があればビザ代は無料、それがない場合の条件が細かく決められていて、滞在日数に従って値段が上がる。それでもバカ高い宿泊料よりはマシだと、ブカレストで探す格安チケットの期日がその日程に収まるのを願うばかりだった。

申告をして十日ばかり過ぎた頃、ブルガリア大使館から電話があった。「急ギマスカ？　モシ急ガレルナラ、アト二〇〇円送ッテクダサイ、ト、大使ガ言ッテオリマス」。たどたどしい日本語だった。わたしはすぐに二人分の四〇〇円を送ったが、この電話は前の日にも留守電に入っていて、東京から二回の電話を使ってわずか四〇〇円を……。しかも「大使が言っております」などと子供じみた内容に、大使館の人たちは何をしているのやら、と思ったものだ。

ソフィアの中心部、国の行政機関や、一流ホテルのある所は、歩道に黄色いタイルが敷かれていてきれいだ。先にエキゾチックな丸屋根の大聖堂が見えた。アレキサンドルネフスキーという有名な聖堂だが、扉が閉まっていて周りを巡っているうちに端の方に「イコン博物館」という小さな看板を見つけた。

東欧の宗教や文化は、長い間、社会主義の奥深くに隠されていて、正教独自の形を持った聖堂や聖画、中でもイコンは私のパンドラの箱であった。それがこんな所に。

暗い階段を降りると地下には不思議な世界が広がっていた。暗闇の中に黒っぽい絵が並んでいる。力強く静かな表現で描かれたキリストや聖人の顔や全身像。目を移すとまた顔、顔、人、人……。千年、二千年の祈りの蠟燭の煤で変色し、乳香の香りをしみ込ませて、手のひらに乗るような小さな板に描かれた携帯ものから祭壇のしきり壁に描かれた大きなものまで膨大な数である。

ルネッサンス以後の宗教絵画は人間を謳歌して、まんまるに太ったかわいい赤ちゃんのキリストや美しい聖母が描かれているが、ここが正教のイコンと大きく異なるところだ。描かれた聖人の絵を鑑賞するのではなく、描かれた聖人に触れて体で「感じる」という、正教という宗教の濃さを知る事になった。

リラの僧院

ブルガリア正教の総本山「リラの僧院」は、ソフィアの深い山奥にひっそりと堂々と建っていた。憧れの場所にやっと来る事が出来た。

建物のフレスコ画を見て驚いた。聖堂の壁という壁、ドア、窓枠、柱、天井へと、まるで建物全身に天国の入れ墨をしたように聖書の人物や樹木や花、近郊の山河などが華やかな色で描かれていて圧巻。これを描いた修道士達（？）はどんなに楽しかった事か。

周りをとり巻く修道院は木造の三階建、内側が回廊になって、こちらは壁や柱全部が白と濃緑色のストライブに塗られているのがオシャレで、とても十四世紀のものとは信じられない。わたし達は二階回廊のぶ厚い板の階段に座って華やかな聖堂を眺めたり、目をつむって鳥の声を聴いたりした。ゆっくりと時が流れる中で森の神々の声さえ聴こえそう……。

再びルーマニアへ

三泊のソフィア滞在のあと、わたし達はまたバルカン山脈を越え、国境のドナウ川を越えてルーマニアに戻り、中世からそのままの姿で残っている北の地方へ二週間の旅に向った。

スチャバから、グラ・フモール行きの古いバスには多くの乗客がいた。わたし達は前方と後方の空いた席をそれぞれ埋めた。わたしの前には、運転手のお母さんと奥さんと赤ちゃんが乗っていて、赤ちゃんがむずがる度にお姑さんとお嫁さんが奪い合うように抱き、お菓子やミルクを与え、その争いを運転手がハンドルを握りながら時々叱っている。わたしの方は、全く知らない世界の中で同じ人間

ルーマニア北部の農家

の営みに出合って内心ホッとしていたのだ。窓は少し開けてあるものの、まるで蒸し風呂。リュックにぶら下げている温度計は、連日四〇度を下らない。これはきつかった。赤ちゃんも大変だろう。

運転手のお母さんに教わった所でバスを降り、ホテルもすぐに分った。

木造のドアをガタンと開けると、中年の女性がわたし達を見るなり、奥の方へ向けて「アンドレア!」と叫んだ。出て来たアンドレアは長い黒髪に茶色の瞳をした清楚な十二歳。「こんにちは」「こちらへどうぞ」など、カタコトの英語が出来る。中学校で習っている英語を長い学年休みの三カ月の間、外国人客用にフル活用が出来て、母親にとっては鼻の高い娘のようだ。

アンドレアの後を三階まで上った。昔の木造の学校を宿泊所に再利用しているようだ。その放課後の教室みたいに、部屋はどこもガランとしている。ここは一泊九〇〇〇円のペンション。トイレ、シャワーは廊下の突き当たりにある。

シャワーには時間がかかった。なにしろ、水がチョロチョロとしかでない。シャンプーした髪は、しばらく、蛇口の下でじっとしていなければいけなかった。裸電球、エアコンはなし、お湯なし、バスタブなし、石鹸、タオルなし。トイレットペーパーは厚くてゴワゴワの藁半紙十五センチ正方形ものが数枚置いてあった。裕子さんはこの紙を記念に持ち帰った。それでもこのペンションはなぜか気に入った。部屋は広く、二つのベッドと洋服ダンスがあり、着いた日は二人共、洗濯をしまくり、部屋中、洗濯物がひらひらしていた。窓の外には、リンゴの木が手の届くくらいの所で赤い実を沢山つけている。

馬のひずめの音が聞こえたので窓に駆け寄ると、リンゴの木と隣家との間に、次々と荷車が通っているのが見えた。干し草をうず高く積んでいる。朝もパカパカの続く音で目が覚めた。馬のひずめの音、干し草の匂い、土の匂い……なぜか胸に懐かしくしみ込んで、何かが回復していくような気がする。

　泊り客は、わたし達だけだったが、下の方からいつも数人の男達の賑わう声が上がってくる。一階はバルがあって、近所の男達が朝からワインを飲んでいるのだ。バルと言ってもこのペンションの入り口の所に粗末なテーブルといすが置いてあるだけで、お母さんはボトルとグラスをテーブルに置くと、すぐ、奥に引き込む。おつまみなし。客の相手もなし。わたし達も初日は食べ物にありつけなかった。レストランもカフェもないのだ。

　夜に二人でパン屋を探していると、広場のバルのテーブルから「ジャパニ！」と声がする。見ると彼らだ。昼間はペンションで飲み、夜はここで……仕事がないのだろうか。隣りのテーブルの若い男は「ブラボー！　ジャパニ！　ブラボーゲイシャ！」と踊っている。

　仕事のある人もない人も底抜けに陽気だ。ルーマニアとはローマ人という意味でラテン系民族だそうだ。社会主義独裁政権の間、彼らはどんな様子だったのだろうか。民族のアイデンティティーというものは五十年や百年の政治の違いなどにはビクともしないものだろうか。

　町を歩く大人や子供に裸足を見かけた。若い女性たちはここでも流行を追っていて、ブラジャーなしのTシャツにミニスカート、ビニールのハンドバッグを持ち、高いヒールの靴を履いてさっそうと歩いてはいるが靴もビニール製で、それが破けて中の木型が見える。質の悪いアスファルトがこの熱さで溶けてぐにゃぐにゃになって靴やヒールの跡だらけ、日本の戦後もそうだった。似たようなアスファルトに犬の足跡が残っていたのを覚えている。

　パンと枝付きトマトを買い込むと、まずは明日の心配はない。生ぬるいトマトは洗面台に水を張って（栓がないのでハンカチをつめ込んだ）、一晩つける事にした。

次の日大きく「ＦＡＸ」と看板を揚げた郵便局を見付けた。フィレンツェやローマで会う約束をしている友達との連絡が気になっていたので返事をここの郵便局止めにしてもらうよう、番号を尋ねて書き送った。海外で会う場合の場所や時間の約束は電話よりファックスが良い。スマホなどまだ影も形もないそのころ、ファックスは一番進んだ通信手段だった。

郵便局の三人の女性事務員は頭を突き合わせて、番号を間違えたりしながらも無事に送ってくれた。まるでボタンを押せばそれが一気に空を飛んで日本に行くかのように見振りを交えて、送り届けた説明をしてくれた。三人へ出して三〇〇円。今ごろは日本は真夜中、朝に目を覚ませばファックスを読んでくれるだろうか。

次の日の夕方寄ってみると、窓口の奥から「ジャパニ！」と弾んだ声がする。三人からそれぞれ返事が来ていたのだ。そのうちの一通は夫からのもので、用件の他に「皆、元気です。ワールドサッカーはフランス優勝。堀田善衛死去。総理大臣が小渕（平成男）に代わった」と書かれている。夫のくせ字をこんな辺境の地で見るとは……「ゴヤ」を描いた小説家の堀田善衛が死んだ……。

モルドビッツアの僧院

モルダビア地方には変わった形をした独特の寺院が点在している。それ等を見て回るのはルーマニア目的の一つだ。

モルドビッツアの僧院は中でも大きなもので、木でできた門をくぐると思わず二人共ため息を漏らした。

この地方だけにしか見られない楕円形の聖堂には、深い帽子の様な屋根が乗っていて、その上に十字架。外壁は余す所なくフレスコ画で埋め尽くされている。建物に角がないのでゆるやかに円い壁伝いを歩くと、次々に物語が現われるのが楽しい。聖書の世界、キリストを中心にした聖母、聖人、善人、悪人の姿が分り易く極彩色で描かれている。

教化を目的にした文盲対策だそうだが、ついでに政治的背景まで加えていて、当時のオスマントルコの脅威を意識して、絵の中の悪人は全てトルコ帽を被っている。

ここは女性だけの増院だった。髪から足先まで全身、黒衣で覆い、静寂の厳しさの中で神秘的だ。うち、二人はほっぺたが赤い、目の澄んだ、まだ十代半ばの尼僧だった。


森の中でレストランを見つけた。かってルーマニアの共産党書記長の別荘だった所だが、何の威圧感もない田舎風な佇《たたずま》い、木造建築のテラスの部分がレストランになっていて、テーブルも椅子も木で作られた手作りのもの、庭には数羽のにわとりが放されていて、広い草地の中でコッコッと虫を啄《ついば》んでいる。

メニューはルーマニア料理の「ママリーガ」だけ。これはトウモロコシの粉を粒にしたものだが、私はあまり好きではなく、上に乗っていた目玉焼きだけを食べた。卵は産みたてのもの、黄味が濃く盛り上がっていた。

隣のテーブルには一人でのんびりとビールだけを飲んでいるドイツ人がいる。「ドイツ語出来るか」と聞かれ、「ダンケシェーン（ありがとう）だけ」と答えると笑っている。一人旅は気ままだが、たまには自国語で話したいだろう。

この森にはほかに民家もなにも見当たらなかった。都心で見た旧共産党本部などの公共建物は、ス

モルドビッツアの僧院

ターリン様式という左右対称の、やたらと大きい無機質のもので、返って虚しく感じたのだが、別荘に来た彼等はこのような自然の中で何を考えていたのだろうか。

グラフモールからシゲット・マルツェイへはどういう訳か十二時間も電車に乗るはめになった。途中の駅で止まったまま、なかなか動き出さない。乗客がぞろぞろと降りて、線路横の草地に座ったり、ゴロンと横になったりしている。別の列車と離合するでなく、ただいつものように列車や人間を二時間休ませると、また、動き出した。

列車の中は三十五度を超えていて窓ガラスは固定してありドアの上部にある小さな窓が開けられているだけ、椅子は鉄製で熱くなっていて背中をつけて腰かけられない。Tシャツは汗でぐしょぐしょ。リュックの中の命綱、ミネラルウォーター（一・五リットル四十円）もお湯になっている。

旅の出発前に年上の人から「止めなさいよ、もうカンレキでしょ」と言われたが、今八十四才になってみると、四十度前後のクーラーのない電車やホテルに耐えられないが、還暦の六十歳は充分に若かったのだ。

サプンツァ村の墓

サプンツァ村独特のお墓を見に行くのに、バスが通っていないのでタクシーと交渉した。半日で一六〇〇〇円。

途中、炎天下の山道で、自転車用の空気入れを使って、車のタイヤに一生懸命空気を入れている人を見た。荷馬車ともすれ違う。干し草を山の様に積んで、その上に数人の男達が乗っている。滑り落ちたりしないのだろうか、草積みに使うフォークの柄がとても長くはみだしている。

右奥の方に赤い屋根がちらちら見えて来た。運転手が「ウクライナです」と言う。そう言えば列車の女子学生が「ウクライナに帰る」と言っていた。彼女は毎日、国境を越えてルーマニアの学校に通っているのだ。

……あれから二十数年過ぎた今、時々、彼女の事を思い出す。ロシアとの戦いの中でもウクライナ西南部は今の所、あまり被害のニュースは聞かないが、元気な四十代となり、知的な彼女の事だから大丈夫、もしかしたらルーマニアの知人を通して安全な生活をしているかな、と彼女の幸せを願っている。


目的のお墓は花畑かと思われるような華やかさだった。

墓標は七センチ程の厚みの板に絵が描かれている。

マンドリンを弾いている男……音楽家だったのか。

大きなペンチを両手に持ち、右側には口を開けた人が座っている……歯医者だったのか。編み物をしている女性、そのスカートは自分で編んだルーマニアの刺繍で飾られている。

酔っぱらって車に轢《ひ》かれた男、車の前にほっぺたをピンクに塗られた男が笑顔でボトルを握ったまま倒れている。大木に潰された木こり。

どの顔にも暗さはなく、人生のひとこまを絵にしているユニークさ。

亡くなった者同士が隣り合ったり、仲間になったりしている様に見える。「あらー、あなた酔ってる時に轢かれたのね、それなら痛くなかったでしょう」などと言い合いながら。

楽しい墓園

墓標はグラジオラスや淡いニゲラの花、名の知れない花、色とりどりの草花の中に頭を出していて美しい。途中、ドイツ人のグループが入って来て、あちこちから明るい笑い声が聞こえる。ここは死のユートピアか。

門を出ると頭にスカーフを巻き、広いスカートをはいた中年の女性が裸足で十羽ばかりのアヒルを追って農家に入っていくのを見た。

泊まっているホテルで夕方から結婚パーティーがある、というのでシゲットの夜の町の散策に出た。屋台の花屋が店仕舞いしているのを見て裕子さんが「二人にお祝いしない?」「しよう!」となり、一束四〇〇〇円の大きな花束を買って会場入口の係の人に話すと「直接渡して下さい」と言われ、ヴァイオリンやアコーディオン演奏の中を雛壇まで進み、二人して「コングラッチュレーション」と新婦に花束を渡した。花嫁のお母さんが大喜びして会場のまん中当りのテーブルに席まで作ってくれて、わたし達は皆と一緒にパーティーを楽しむことになった。

「パリンカ」というブランデーの一種のお酒にオードブルは生ハムと羊乳のチーズ、トマトが運ばれて来た。あとはテーブルの中央に山盛りのクッキーが置いてある。花嫁のお母さんは、お酒を酌ぎながら走り回っている。そのうちに楽団とボーカルが加わり、踊る人も出てきてわたし達も相当盛り上がった。部屋に戻った後も、音楽は夜更けまで賑やかに聴こえていた。

ミラノ

ミラノに戻る日、バイア・マーレの空港に行くと、いきなりロシア製の機関銃を持った迷彩柄に迎えられた。写真も禁じられ待合室の吹き抜けの高い天井からは、パラシュートで降りる迷彩服兵士の人形がぶら下がっている。

飛行場を見ると、わたし達の飛行機はまだ到着してなくて、ガランとしていたが、横に戦車が止まっている。戦車がこんなに大きなものとは知らなかった。国境、なんだか恐ろしいところだ。ここは、東にモルドバ、北にウクライナ、西にハンガリー、ユーゴスラビア、ブルガリアに接している。

飛行機のタラップの所で係員がいちいち「レディー！」と言っている。わたしの前を上りかけた夫婦のうちのご主人の肩を押さえて「レディー！」。レディーファーストということで、女性達が乗り終わるまで、男性たちはタラップの横で待たされている。国が新しくなったので、「ひとまずレディファーストから」という事だろうか。

ミラノに戻ってきた。

ルーマニア、ブルガリアでの純朴、魅惑の民族文化を身にしみ込ませた一方で、思いがけない厳しい暑さや生活状況はそれからのイタリア縦断の旅をスムーズにした。

まずはのんびりと北のオルタ湖で身をほぐした。ここは日中でも三〇度を超えることはなく、エメラルド色の静かな湖畔を眺めながら何度「シアワセー」と言ったか知れない。

何よりも食べるものがどこにでもあった。それでわたし達は日中は自由に別行動をとり、夕食を一緒にした。後で考えてみると、夕食は毎日のようにパスタ。よくも飽きなかったものだ。その上、食事が終わると「あぁおいしかったー」と心から満足したのもルーマニアなどの貧食のお陰かも知れない。

手を見ると、長袖から出た甲の部分には紫外線による炎症のぶつぶつが出来ていた。顔は親しい化粧品店の「この指示を守ってもらったらカンペキです」という紫外線対策をあらかた守っていて、今のところは免れているが、髪はなんだかバサついている。ケア製品を買いに行った。ミラノでヘアシャンプーを買ったつもりのものがボディー・シャンプーだった失敗もあって、今度は辞書を持って行った。

宿捜しも基準がはっきりしていた。イタリアは観光に力を入れていて、どんなに小さな町にも公共の観光案内所が旧市街の入口あたりにある。その町のイラスト地図をもらったり、町のどんな質問にも応じてくれ、ホテルの予約などもしてくれる。わたし達はそこで荷物を預ってもらい、地図を片手に観光しながら、ホテル探しを楽しんだ。入口が自動ドアのホテルは高いからパス、電話、テレビは「必要なし」、でも窓は必要条件だった。風光明媚とはゆかない都心でさえも町を往来する人の動きを窓から見るだけで日本とは違い、映画を見てるようで面白い。

パドバのジョット

パドバという町は穴場だった。静かな古い町。それに思いがけなく、ジョットの絵を堪能した。スクロベーニ礼拝堂の係の人は「日本人は皆、ここを通り過ぎてベネチアに行く」と悔んでいたが、中世の宗教画家のなかではジョットが好きだ。描かれた人間に意志があり、尊厳を持っていて、深い青色も美しい。

それに町はずれに見つけた宿は、「この旅の宿ベスト5」に入る程の気がねのいらない所だった。入口のドアを開けるとそこはオーナーの居間になっていて、彼はいつもテレビを見ているか友達と話しているかで、その後ろを通り抜けると小さな中庭に出る。そこには二本のぶどうの木がまるで緑の

オルタ湖を望んで

屋根の様に枝葉を広げていて、小さな青い実が沢山ついている。一度このぶどう棚の下にテーブルと椅子を置いて絵の仕上げをしたこともある。木漏れ日の庭を通ると別棟の入口があり、最初のドアがわたし達の部屋だ。

部屋は安普請で出来ていて、ベッド以外には何もなく広々としているので、裕子さんはすぐに洗濯物を干す為のロープをあっちからこっちに引っ張っている。部屋の鍵をかけ忘れた事があった。それも、朝、気が付いて「あら、掛け忘れてたのね」という軽い会話で終わるものだった。

ただ、あのおじさん、いつ眠るのか分からない程、夜通し映画のセリフ等が聴こえる。わたし達が夕食に出掛ける時、彼は友達と食事中だった。「夕食ですか?」と挨拶すると、「ちょっと待って」と奥の厨房からスプーンを持ってきて差し出した。ひと口ご馳走になった。焼きめし、リゾットだ。お米をニンニクをきかせてオリーブオイルで炒めただけのものがとても美味しかった。横のテレビでは映画の「薔薇の名前」が映っている。私も好きな映画だ。

次の夕方も食事中だった。彼はすぐに立ち上がってフォークを持って来た。今夜はスパゲッティ。イカとムール貝の入ったペスカトーレ。貝のだしがきいてとても美味しい。テレビにはソフィア・ローレンが映っている。いつもビデオを見ていて、大した営業努力も見られないが、ひょっとして料理を作るのが唯一の楽しみではないだろうか、好きでなければあんなに美味しく出来ないはずだ。

彼が近くの「アックア・ペトラルカ」の町を勧めるので詩人のペトラルカが住んでいた町へ行く事にした。「すぐそこ」と言ってたがやっぱり一日がかりだった。

山の中腹にある詩人の瀟洒な家の中で作品や写真を見た。当時のイタリアの荒廃を憂い「わがイタリアよ/死の傷に覆われたおまえの美しいからだに……」と自国への愛を恋人に捧げるかのように歌

ベネチア　客待ちのゴンドリエーレ

う、優雅で繊細な表現をした詩人にしては、横柄な顔つきをして、頭に月桂樹の冠を載せて多くの貴婦人達に囲まれたモノクロ写真などが並んでいる。イタリアでは古くから詩人は尊敬され、力を持っていた様だ。

ベネチア

ベネチアには五泊した。海の上に数えきれない程の小さな島を作り、それぞれ橋で繋ぎ、なお舟でも自由に往来出来るように、橋を高く作った。車がないので信号もなく、町を歩いてもスピードを出すものがない。車の音も匂いもない。運河が建物の前や後ろを網の目の様に通っているから、あちこち行き来する舟の動きで波が出来、どんなに狭い水路でも水が揺れて光っている。

どんな所をどう歩いても道に迷ってもいつかはサンマルコ広場に出る。

迷っているときに、思いがけなくダリの「メイ・ウエストの唇ソファ」の本物のソファを見た。ついでにリアルト橋を渡ってピエロ・デ・ラ・フランチェスカの絵を沢山見た。

二人でサンマルコ寺院の鐘楼に上ってアドリア海に浮ぶ島々を見た。私は高い所が好きだ。でも裕子さんは高所恐怖症らしく恐がって窓に寄りつかない。グッビオで山の上の町見物にゴンドラに乗った時も着くまで手摺にしがみついていた。

五つ星のホテル「ダニエリ」のカフェでティラミスを食べた。トロリとしていてスプーンで食べる。そのころ日本でも流行り出したがこんなに美味しいのは初めてだ。ベネチアに旅行するという人には今でもここのケーキを勧めている。

裕子さんはサンマルコ広場の角にあるオープンレストランで食べた「いか墨パスタ」が夕食ベスト

ワンだと旅が終っても言っていた。

一二五年前（明治六年）にベネチアを視察した岩倉使節団の記録『米欧回覧実記』によると「舟ヲ浮ヘ楽ヲナシテ、河上ヲ徘徊ス、到ル処ミナ遊楽の郷ナリ」とあり、ゴンドラの形までもくわしく書かれているのが今と全く変わらない。

港には「ターキー」と書かれたトルコの大型客船が止まっていて、さらに向うにはその十倍もありそうな巨大豪華客船が停泊していて船名は「アルカディア」と書かれている。我れもまたアルカディアへ……。ベネチアは遊楽の郷でもあり憂いの漂う街でもある。

ボローニャ

ボローニャはヨーロッパ最古の大学がある町。約千年もの間、このボローニャ大学からヨーロッパ各地へ輩出した哲学者、文学者は大勢いたらしく、あのフランシスコ・ザビエルの父親もわざわざスペインから法律学を学びに来ている。町全体が古美術品のようで、住んでる人がこの古い街の伝統に誇りを持っているように思えた。

歩道が柱廊になっていて、柱はすべてピンクか白の大理石で作られている。中世の女性たちが大きく膨んだスカートを着ても三人は並んで歩けそうな広さの柱廊だ。エレガントな気分で宿を探した。石造りの建物には三メートル近い木造の扉がどっしりと付いていて、それぞれ異った形のドア・ノッカーの一つを見て「これ、ダビンチの顔みたいネ」と言っていたら、そこが目指すユースホステルだった。

二十センチ程の厚みの木製扉を両手で開けると、今度は巾の広い大理石の階段が民家とは思えない高さで続いていて、一段一段中心部はつるつるにすり減っている。中世の貴族の館だった所だそうで各部屋の柱もエンタシス式に中央が膨んだ大理石、高い天井にはフレスコ画。それで一泊一八〇〇円にわたし達は歓喜した。

ところがわたし達の部屋は……大きくて立派な部屋の片面に、ベニヤ造りの箱がロッカーの様につながっていて、それぞれにドアが付いている。係の人が二番目のドアの鍵を開けるとベッドが二つはまっている。ベッドとベッドの間のやっと歩ける程のすき間に荷物と靴をはめ込むと、着替えもお化粧もすべてベッドの上だ。箱部屋の上には蓋がないので五つの部屋からは同じ天井画を見る事になる。背の高い人ならベッドに立てば隣りの部屋が見えるかも知れない。

ここは女性だけのユースホステルだった。こんなのが奥の部屋にももう一セットあり、食堂やシャワー室、トイレ、洗濯室、祈りの部屋などはあちこちに分かれている。廊下の両側には開け放たれたままの窓があって、そこにいくつかの椅子が置いてあり、泊まり客たちはその椅子で話したりくつろいだりしている。

隣りの箱にはコロンビアから出稼ぎに来てここを住居にしている二十八才の女性がいた。彼女はシャワーが済むと、いつも下着姿のまま廊下の椅子で髪を梳いたり顔中の産毛を抜いていた。欧米の女性の中には産毛が深々としている人をよく見かけるが、皆、こうやっているのだろうか、痛そうだ。

彼女の話すスペイン語が少し分かるので、わたしの顔にくっつかんばかりにしてサルディーニャ島からボローニャ島に移った事や国に帰りたい、両親に会いたいと話す。朝は早くから仕事に出ている。

イギリスから旅行に来ていた二人の小学校教師もいた。こちらは二人共背の高い美人で巻きスカート風ネグリジェ姿。裕子さんが色紙で何か作り始めると「イロガーミ」と喜んでいる。日本の色紙や盆栽、マンガなどは本屋でもかなりポピュラーなようだ。

眠る時は一応、鍵を掛けるが、暑い上に風が入らなくて上から虫が入って来る。なんだか留置所に閉じ込められた気分になり「わたし達、何か悪いことした？」と言って笑った。

ロマのひったくり

街はずれで四人のロマに絡まれた。

赤レンガ造りのサント・ステファノのロマネスク修道院をやっと見つけたと思った時だった。その辺りは街の中心から少し離れ、古い寺院が点在していた。通りを歩く人も見当たらない静かな所だったから、突然ふっと派手な女達に囲まれた時は一瞬「どこから!?」と思った。

赤や黄色のレースが足首までだんだらに重なったワンピース、長い髪に目つきの鋭い女たちが奇声を発しながらわたしのバッグに手を出してきた。持っていたスケッチブックの角でバッグを掴んだ手を「ダメ！」とたたくと手を引き、別の女がまたバッグめがけて手を出してくる。四人の手を次々と、もぐらたたきのようにスケッチブックの角（かなり痛い）で追い払うと、彼女達は踊るように離れながらいつまでも罵声を飛ばしていた。私の方はしばらく動悸が収まらなかったが。

彼等の手口は置き引き、盗み、ひったくりという単純なものが多いようだ。親しげに話しかけた後にだましたり、旅人の心理を利用した巧妙な盗み、などとは違って、意外と心に傷を残さない。

ルーマニアでも同じ姿のロマを沢山見かけた。人々が目をそらす程嫌がるのを知っていてなぜあ様にはっきりと分る派手な服装なのか、なぜあんな目をしているのか、一見愛くるしい瞳の奥に、妥協しないエネルギーを持っていて、まるで野生の動物のようだ。旅を重ねていつも不思議に思うのが、彼ら、放浪の民の存在だ。

テオドラ妃

ラベンナに着いた。三度目のモザイク「テオドラ妃」詣《もう》でだ。

中学の時の小さくて薄い美術の教科書の表紙がテオドラ妃の上半身だった。「へんな顔……」と同時に強い視線の印象は、その後もずっと忘れる事はなく、まだ、ふわふわの少女だった私に、美術というものの驚きや力を信じるきっかけにもなった絵だ。

モザイクの初めは敷石だった。いろいろな石を組み合わせて床や道路を飾り、次に漆喰で固めて壁を飾り、色数を豊かにする為に焼きものにすれば艶も出る、ガラスを加えて透明感を出し、金を加えて華やかにして、次第に豪華、堅牢さを増し、宮殿や教会を飾っていった。

絵の内容は宗教的なものが多いが、寄進した王や王妃なども描かれ、テオドラ妃もその一人だった。

ラベンナには、このサン・ビターレ教会の他にもいくつかの教会があり、同時代に造られたモザイク画が沢山ある。花や鳥やいろいろな生き物と、王や聖人、町の人、生きとし生きるものすべてが同じ目線で描かれているのが気持ちいい。

オルビエートの広場

オルビエートでもモザイクを見た。

オルビエート駅に降り立つと目の前に高い崖がそびえている。駅員から教わった通りにフニクラーレと書かれたケーブルの、ガラス窓のある箱に入ると、エレベーターみたいに崖伝いに上に引っ張られ、止った所が町の入口だった。

高く、大きな岩盤の上に出来た町のようだ。案内所でもらった地図を見ると町の中の道路にいちいち十度、十五度と、傾斜の度数が表示されていて、四十五度という道などは歩いてみるとすべり落ちそうな感覚だ。四十五度の道の近くで、石階段に座って彫刻をしているおじさんを見たので描かせてもらった。出来上りを見てもらうとおじさんは仕事場を見せてくれた。部屋いっぱい素朴な木製のピノキオがある。日本からの注文もあるそうだ。そして「ジュゼッペよりケイコへ」とピノキオの足の裏にサインした一体をくれた。今も私の本棚にかわいく座っている。

いくらか平坦になってる所が町の中心の広場でそこに大聖堂が豪華絢爛のモザイクとともに悠々と建っている。

宿は広場のすぐ裏手だったので夕方など狭い路地から広場に向うと、夕日がモザイクの金色に反射して、その黄金の光が路地いっぱいを輝かせている。

オルビエートの夜もいつものように遅い夕食を終えてシャワーを浴びると、あとは眠るばかり。鎧戸を少し開けて夜の空気に身を冷ましていると、広場の方から賑やかな声が聞こえてくる。子供が一人、二人、とわたし達の窓の下に来て、足音を忍ばせながら反対方面に逃げていく。また別の小さな女の子が角からそっと顔を出して同じ方に走って行った。そしてまた……。夜中の十一時にかくれんぼをしているのだ。広場の方からは、絶えず大勢の人の声がウォーンと聞こえ、子供たちの奇声も混じっている。何をしているのか見たくなって、そっと部屋を出た。

広場に出て呆れてしまった。多くの人々の黒いシルエット、横のアイスクリーム屋とレストランは昼間のように明るく、中も外もテーブル、椅子は満席、ウェイターが忙しそうに動き回っている。大聖堂に上る階段にも座っている人がいるので、わたしもそこに座って、広場の人々を眺めた。立ち話をしている男たち、カップル、大声で笑う女たち、自転車を乗り回す子供たち、その子供たちの遊びを「アンジェロ！」とか「ミゲル！」と注意しながら、井戸端会議に夢中になっているのがわたしの横にいる母親たちだ。午後の三時間程は、死んだように静まり返っていたというのに。

この様な夜の広場の光景は、スペインやポルトガルでもあちこちで見てきたがこんなに遅いのははじめてだ。旅を重ねるうちに「広場」に行くのは私の楽しみの一つになっている。ここでは個人とか民衆、民主主義というものを自然に実感出来る。町の人々にとって広場は必要な生活空間なのだろう。

突然、頭の上の鐘が鳴り出した。帰る時間を知らせているのだろうか。ここの鐘はコローンコローンと聞こえる。鐘の音は各地でまちまちだ。マテーラの鐘はコン！から始まり、続いて、別の六個つなぎの鐘がキンコガカーン、キーンと、鳴りまくっていて、「乱れ打ち」と判定したものだ。

またコローンコローンと鳴る。北ルーマニアでの荷馬車の音を思い出した。

わたしはいつも旅行中には日記をつけていて、後でその日の事を読んでみると、〝夜型人間には楽しい、イタリア、合ってる〟と書いている。

五人でフィレンツェ

フィレンツェでは三人の友達に会う予定にしている。彼女達はわたし達のプランに合わせて十日間のイタリア旅行を決めていた。

彼女達と会った時は、「ボンジョルノ！」などと言ってハグし合い、目はウルウル、異国の旅先でのデートは妙に軽薄で不思議な感動を伴う。

フィレンツェ

次の日の夕食は彼女たちのホテルに招かれた。部屋には所狭しと洗濯物がぶら下がっている。普段は地味な恭子さんが鮮やかなブルーのワンピースを着てチャラチャラしている。公子さんは洗った髪をラファエルのマドンナ風に頭のテッペンでまとめていて、紀江さんはバスルームからバスタオルを巻きつけただけで出てきた。

彼女たちが日本から持参してきたカップうどんパーティ。ただお湯をかけただけのうどんのおいしさに感激する。その上、おにぎりまでも。近くの中華料理店でご飯を買ってきて三人で握ったそうだ。やはり「三人寄ればナントヤラ」でそんな方法もあるのかと教えられたが、こちら二人は感心したものの、その後、旅が終わるまで白いご飯にはありつけなかった。

次の日、皆でフラ・アンジェリコの「受胎告知」を見た。「受胎告知」はダビンチをはじめ多くの画家が描いているが私はフラ・アンジェリコのが一番好きだ。ミケランジェロの「昼と夜」も見た。ミケランジェロの男性裸体刻はなぜあんなにも美しいのだろう。メディチ家の豪華王と言われたロレンツォの顔は、他の彫刻家や画家によると鷲鼻に四角い顔と共通しているのにミケランジェロの手にかかるとどれも美しくカッコイイ。「五人でフィレンツェ」の三日間はあっという間に過ぎた。

彼女達はこのあとローマで数日過ごして帰るそうで携帯用のお醤油やマヨネーズなどを持ってきてくれたので、その後は裕子さんと「では使わせて頂きます」と両手を合わせてからトマトやパスタにかけたりした。

聖地アッシジ

宗教界に大きな影響を与えた聖《サン》フランシスコが生れ育った町、アッシジは聖地であり、こぢんまりとした石畳の町だ。古い石造りの建物の間からは、空が広がり肥沃の平野が見える。殆んどが狭く入り組んだ坂道、そんな小さな町にあふれんばかりの観光客。

人が集る所に必ずいる物乞いやスリ等は全く見かけなかった。ここにはそういう人達を寄せ付けない何かがあるのだろうか。どんな所でも、何の気兼ねもなくスケッチが出来た。しかも、近くの商店の人が椅子を貸してくれたり、お盆に乗せられた冷茶をいただいたりして、裕子さんは「町中が教会みたい」と言っている。

アッシジではじめてトリュフを食べた。ピンポン玉くらいの大きさの黒い色をしたキノコで、下ろし金で擦ってパスタにかけてくれる。トリュフの味をどう表現したらいいのか、とにかく強烈な臭いだけは、歯を磨いても、次の朝まで残っている。値段はトリュフをかけてもかけなくても変わらないので、この辺りの山で採れるのだろう。

別の日にはトリュフピザを食べた。ピザは直径三〇センチ位で生地が薄く、パリパリとしておいしい。この時は隣りの部屋に泊っている「ミケランジェロ」という名前の若い男性と三人で夕食した。車メーカーのフィアット社に勤めていて、四日間のバカンスを楽しんでいるそうだが、名前のわりには絵や彫刻には興味がなさそうだった。

ペルージャ

ペルージャに着いていきなり、わたし達は道端にたむろしているお兄さん達から「ナカァタ！」と呼ばれた。そのころサッカーの事はあまり知らなかったが、中田選手がこの町のチームに入って来たのだ。バルに入っても、宿の人からも、また南のアルベロベッロやマテーラなどの小さな町でも「ナカァタ！」と声を掛けられた。

ローマでは愛想の良い男性から声をかけられ、サッカーボールの絵が描かれた名刺をくれた。いくつかの店を経営している社長さんで、中田をスカウトした人だそうだ。今日は、中田を健康診断のためローマの病院に連れて行ったと言う。これも何かの縁だとその店できれいな腕時計を買った時、店員に「ペルージャって強いの？」と尋ねてみると、その若い店員は即座に「ノッ！」と否定し、ぺらぺらとイタリアサッカーチームの強い順番を指を折りながら説明する。その指先を追うと、中クラスの上位というところだろうか。チームの数がものすごく多い。

ペルージャには紀元前のエトルリア時代に作られた門がある。手を加えられながら今も立派に使われているのが信じられない。その門から崖の方に回ってみると、五、六人の日本人が高い三脚の上で風景を撮影していた。横を通り過ぎて下に広がる赤屋根の街をスケッチしていると、頭の上で「ハーイ、雲が切れましたぁ」「こちら了解！」などと言う日本語が聞こえていた。それは日本に帰ってからテレビを見て分った事だが、中田が出る車のコマーシャル制作だった。

ボマルツォのグロッタ

ローマに行く前日、ボマルツォへ行ってみた。リュックの中に二冊の文庫本を入れていて、それは澁澤龍彦の『ヨーロッパの乳房』と、塩野七生の『サロメの乳母の話』。どちらも以前に読んではいたが、旅と一緒にもう一度味わうつもりだった。『ヨーロッパの乳房』を読んだ裕子さんが、この本に出てくるボマルツォに行こう、と提案したものだった。

そこは、かつての貴族が丘一面を庭園に造り上げたもので、巨大で異様な彫刻群が樹木の間から突然現れる。迷宮の小径を歩いていると、木陰にぬっと現れた筋肉質の大男が両手で裸の女の足を持って逆さづりにしている。プールほどの大きさの池に、水はなかったが、大きな裸の女が大股を広げて座っている。

森の奥には大きなバケモノの顔が置かれていて、何を叫んでいるのか、口を開き、その洞窟のような口の中にはお茶でも飲める様に椅子とテーブルが置かれている。数人の観光客が中へ入ると、話し声が洞窟の中で反響して、まるで悪魔が大きく呪文を唱えているように聴こえる……。洞窟をグロッタと言い、グロテクスという言葉が出来たのはコレだったのか。爬虫類や怪しげな人魚、上半身人間、下半身動物のケンタウロス、両性具有物、わざと傾けた建物やベンチ。彫刻は皆、巨大で苔生し、暴力的、怪奇的でどれも生命感あふれている。

悪趣味の感じではあったが、静かな木漏れ日の中で、これを造った貴族のシュルリアリズムに、どっぷりとつき合った。

ローマのテルミニ駅についた。都会だからホテルも山程あるとは思うが、この時期、空いてる宿があるだろうか、駅周辺は汚く雑然としている。建物の三階に「ペンション」という看板を見つけた。「まずはここから！」と動物の檻みたいなむき出しのエレベーターで上り、ドアを開けると、廊下の奥から大きな男がくわえタバコで「いくらで泊りたいかぁー」と叫びながら近づいてきた。挨拶もしない態度にムッとして、即座に「二人で六万リラ（一人二七〇〇円）」と答えた。

男は一瞬顔を曇らせて「ここはローマだ！　そんな値段で！」と、声を荒げる。そっちがいくらで泊まりたいかと訊くから、正直に答えただけなのに。

「じゃ、次、行こ?」。わたし達がきちんと挨拶をしてドアの方に戻りかけると、後ろから「ちょっと待て!」。どこかへ電話した後、「二人で七万リラ(一人三一〇〇円)でどうだ!」。話は簡単に決まったが泊まる所はここではないらしい。しばらく待っていると、真面目そうな若い男が迎えにやってきて、一緒に駅前通りの建物に入った。

看板のない普通の雑居ビルの四階にあって、二階には銀行が入っていた。先ほどの「挨拶知らず」が経営者で、この男はバイト雇われ風、この支店ペンションにはオーナーがいる。オーナーの家族もそこに住んでいて、入口を入るとソファーとテレビの間を通って、廊下の最初の部屋がわたし達の部屋だった。居間の横の部屋はいつも戸が開いていていて、奥にベビーベッド、その上にはピンクのおもちゃのオルゴールがつり下げられていいて周りには脱ぎ捨てられた服等が散らばっていた。家族の部屋なのだ。宿泊の為の用紙にサインしたのは、奥さんと食事中のテーブルの上でだった。

わたし達の部屋の奥にも客室があり、その先に共同バスルームがある。そこを右に曲がるとまたいくつかの客室があるようだ。看板もない宿だから泊まり客など他にいないだろうと思っていたら、朝、顔を洗いに廊下へ出ると、バスルーム前に四人の学生風男たちがタオルを持って寝起きの顔で順番を待っている。しばらくして出てみると、まだ並んでいる。彼等は朝、シャワーを浴びるようだ。

アッピア街道

ローマではアッピア街道を歩く、と決めていた。三千年近く、世界に通じる道として歩かれてきた土や敷石を自分の足で感じたい。

アッピア街道にはバスは通ってないので、タクシーでまず行ける所まで行き、帰りの片道に一日か

ける つもりで二人でお弁当持って出掛けた。

　タクシー運転手は街道に入ってしばらくすると「ここが旧道だ」と車を止めたが、もっと先まで行って、と頼み、またしばらく行くと、「先の方も同じ風景だ」と言ってまた止める。確かに狭い道は土煙をあげるし、古い敷石の上はゴトンゴトンと揺れ動くし、ところどころの穴ぼこに昨日の雨水が溜っているのを避けなければいけないが、道の両側には大きな廃墟や遺跡が次第に姿を見せ、ベレー帽みたいな形のローマ特有の笠松や糸杉、ポプラが朝の陽光を浴びて、強い影を落としている。深い憧憬の道にやっと入ったばかりというのに。

　だいたい、イタリアのタクシー運転手は遠回りしてでも客を長く乗せたがると言うではないか、「旧道の終わりまで行って下さい！」と言うとまたノロノロと走り出した。

　それにしても家ほどもある巨石、礎石にでも使われたのだろうか、アッピア街道は、それらの大小さまざまな遺跡と、大きく育った樹木が続いている幻の道だ。

　この道には鳥くらいしかいないだろう、と思っていたら、街路樹の陰に二人の女性がいた。大きな石の上にも。気が付くと右にも左にも、若い女性が立ったり座ったりしてこっちを見ている。足のすらりとした、皆十代の女性たち、ピクニックに来たのだろうか、それにしては会話してる様子でも、楽しんでる様子でもない。皆、一様にTシャツ、ジーンズ姿で、じっとこちらをみている。

「あの人たち、何してるんですか？」と運転手に尋ねた。

　しばらくして「あのー、あのー、悪い女たちだ」と、頭を横に振りながら小さく呟いた時、わたし達はハッと理解した。運転手はまだ黙って頭を横に振っている。

　彼はしばらくして「ここで終りです」と車を止めた。

その先には、左右に多くの車がスピードを上げて走っている新しい道が見えた。なんだか運転手に悪い事をしたような、とんだ所に踏み込んでしまったような、念願の街道にようやく来る事が出来たというのに……。

わたし達はタクシー代を払い、車が新しい道に去って行くのを見送り、来た道を戻り始めた。まず、彼女達を通り過ごさなければ、何も考えられない。わたしは売春婦といわれる女性たちの顔を初めて見た。別にケバケバしい服装やお化粧でもなく、ただ皆、刺すような目でわたし達を見ている。「目障りだっ！」と、飛びかかられるのではないかと、二人共急ぎ足で彼女達の前を通り過ぎた。

彼女達が後ろの方に豆粒のようにしか見えなくなってきたころ、前方には古い街道の姿が見えてきた。樹木は次第に遠くローマ市内の方へと曲がりながら消えている。栄華を偲ばせるに十分なレンガ造りの赤茶けた廃墟。入口の痕跡のあるアーチは草に覆われているが古くは貴族の館や旅籠や色々な施設が軒を連ねていたのだろう。古代都市を誇るローマもここまでは手が回らず、崩れるに任せている。

わたしは木影に座ってスケッチを始めた。裕子さんもどこかの影に入っている。視野に入り切れない広い空と遠くに消えていく一本の道。悠久の時間に身を委ねる気持ちの良さ。

どこからか多くの羊の声と鈴の音が聞こえて来た。コロコロ、ガラガラ、メェーと羊たちが左の草原から道路を横切って、土煙をあげながら次々と右の樹木の中へ入って行った。こんな所に？　と見に行くと樹木の奥には低いトタン屋根の柵の中に羊たちが安心して入っているのが見えた。しばらくすると小さく「マー、マー」と、赤ちゃんの声が聞こえてきた。羊飼いの子供だろうか、また見に行くと、羊の赤ちゃんの声だった。人も羊も赤ちゃんの声は同じなのだ。朽ち果てようとする夢の跡で可愛い声が聴けるとは……この道は生き続けているのだ。

絵を描いている時、突然、風景がまっ白になり、描いている絵が形も色もないまっ白になっている。気がつくと、私は日陰にいたはずが太陽の移動でガンガン照りがスケッチブックを反射して、目がおかしくなったのだ。木陰に入り直したら目は元に戻った。

ローマに続く、この「女王の道」を二人でスケッチしたり、石畳に轍《わだち》の跡を見つけてさわり、昔の馬車の車輪は相当細かったのねぇ、などと話したり、石の影に大輪の赤いボタンの花が二輪も咲いているのを見つけたりして、日が暮れるまで三千年の道を楽しんだ。

アルベロベッロ

アルベロベッロへは朝早くローマを出発して、バーリで列車を乗り換え、車窓から見えるぶどう畑や銀色に波打つオリーブ畑、シュロの木など牧歌的風景の中でゆらゆらしながらの八時間だったので意外と疲れなかった。

街はかわいい宇宙のようだ。トゥルリと呼ばれる家々は白い円筒形の胴体に薄い石を重ねたとんがり帽子型の屋根が乗っているだけで、角がない、玄関とか出窓等の出っ張りが何もなく、白い石畳の上に白いキノコがポンポンと生えているようだ。

トゥルリの前に椅子を出して編み物をしているおばあちゃんを描かせてもらっている時、彼女から「この町に日本人のヨーコがいる」と聞いた。こんな所にも日本人が住んでいるのか。

次の日、二人で町を散策していると、三人の家族に出合った。五歳くらいの男の子をバイクに乗せ、夫婦は押して歩いている。その奥さんがまるで日本人のような顔なので、「こんにちは」と日本語で挨拶をしてみると、やはり彼女も「こんにちは」と返事をした。

アルベロベッロのトゥルリ

ヨーコさんだった。その後、彼女の家に案内され、可愛いトゥルリの中を見せてもらった。外からは小さく見えるが地下も屋上もあって、思ったより広い。屋上に上がると近所のトゥルリの屋根がモコモコと見える。真夏の暑さの中にアフリカから吹いてくる強い風（シロッコ）で足がフラつきそうだ。ご主人の妹さんが上って来て干したイチジクを集めて下りて行き、お姑さんも洗濯物を取り込み、下りて行った。

ヨーコさんは旅行でこの町に来てご主人と知り合い、結婚して現在に至っているそうだ。この地方の古い家族構成の中で、お嫁さんとしてやっていくのは大変だったらしく、しかもたった一人の日本人だから苦労したと言う。今では日本人の観光客向けに商店の人に日本語を教えたりホテルの斡旋もしている。日本人として何が出来るか模索している元気な女性だ。

マテーラのサッシ

わたし達はまた列車に乗ってマテーラに向かった。列車はまるでバス位の小さなもので二両編成に二十人程の乗客だった。車窓からは葡萄、オリーブの他にイチジクやサボテンが増え、南下する程に土の色が赤茶けていく。

マテーラの街の写真を見たのは十数年前だった。岩山の側面いっぱいに無数の穴だらけの住居群が写されていて、とり肌が立ったのを覚えている。いつの日か行ってみたいと思っていた所だ。

列車がトンネルに入ったかと思うと、そこが終点のマテーラ駅だった。暗いほら穴駅から階段を上り街の中心まで行くと展望台があるのでひとまず上ってみて驚いた。

そこにあの写真で見たサッシと呼ばれる洞窟の光景が広がっていたのだ。右の丘や左の丘、眼下の谷間には一面、乾燥した土色の中に無数の巣穴の様な入口や窓が点々と黒く見える。かなりの廃墟が崩れるままにうち捨てられたような、まるで地獄絵のようだ。でも、遠くに人のうごめく姿が見え、洗濯物が揺れている……人が棲んでいるのだ。

サッシの中に入ってみたい。絵も描きたい。

ひとまずホテル探しとうろうろしていると、先ほどからわたし達のあとを付いて来る汚れた身なりの男の子が「ホテル？」と聞いてきた。サッシの中に軽々と降りては「コッチ！」と振り向く。客引きの手伝いをしているのかと思っていたらユースホテルと書かれた玄関を指さし、わたし達が「ありがとう」と言ったら笑顔でどこかへ走って行った。

まさかの洞窟ホテルだ。中にはちゃんとフロント係がいて、話し合いの末、下の階の部屋で朝食付きの二五〇〇円に決まった。若い職員の足首は包帯でふくらんでいて、ごろごろ道で転んだそうで松葉づえを片手に立っていて、わたし達にも「気をつけて下さい」と言う。

下の階と言っても、もう一度外に出て、狭い崖道を転ばないように迂回しながら降りると、ちょうどフロントの真下の岩をくり抜いた所にドアがあった。上から声がするので見上げると、わたし達のリュックがロープにつるされて降りて来ている。

アラジンの「開けゴマ！」気分でドアを開けると部屋の中はひんやりしていた。

壁には腰の部分まで白い漆喰が塗られていて、それから上の円い天井までは削り進んだ鑿《のみ》の跡を残していてカッコイイ。小さな棚まで掘ってある。

荷物を置くと、すぐ外に出てサッシを眺めた。わたし達は片方の丘のサッシ群の中腹あたりにいる。目の前にはもう片方のサッシが怨念があるかのように迫って来る。教会もいくつか見える。

遠い昔、迫害から逃れたキリスト教の修道者たちは、岩を削り、競ってこの地に隠れ住んだらしい。その後、罪人の流刑地ともなり、思想家たちの逃げ場となり、殺人者、貧困……神から見放された人々は、今も中世のまま生き続けている。

夜になると風景は、キラキラと満天に輝く星空の元で、黒い得体の知れない大きな生き物が迫ってくるようだ。慣れてくると「あ、あそこにも！」と家から漏れる光を探した。住居として使われているのは三割くらいだろうか、でも、電気のない家を入れれば……？

三日目の夜はシチリア島行きの夜行列車に乗る。メタポント駅発、午後十一時五十分の列車だとシチリア島行きの線路付きフェリーに列車ごと乗れるからだ。

駅までのバスにはわたし達の他に中年女性が一人。夜のメタポント駅で列車が来るまでの四時間は駅近くのレストランで過す、と日本の駅をイメージしてその女性に話していると一軒のピザ屋の前を通り過ぎ、狭い道に入り、別のピザ屋の入口にバスを止めて、運転手と女性が「ここのが美味しいです」と、降ろしてくれた。わたし達は二人に心から感謝してバスが戻って行くのを見送った。

さすがに海の近く、魚貝類ピザを注文したら車エビ、イカ、ムール貝が山の様に乗っかっていて、ピザの生地が見えない。一生食べることのないようなピザを食べた。「駅まで歩くのは無理です」と言われ、お店の娘さんが街灯のない真っ暗な道を車で送ってくれた。優しい人達ばっかりだ。

駅と言っても、まっ暗い中にベンチが一つ、それを照らしているライトが一つあり、そのベンチに二人で座っていると二人の男が来た。チュニジアから来て、ナポリに出稼ぎに行くそうだ。二匹の野良犬もベンチの周りをうろうろしている。イタリアで見かける野良犬はどれも大きくて怖い。

ローマの松

列車が入ってきた。止まってもシンとしている。合図の笛も何もないのだ。列車に乗り込むホームもないので、線路から直接列車のドア下にある高い階段を踏んで乗り込むと、まもなくスーッと動き出した。車内も暗い。月明かりでチケットの座席番号と照らし合わせて、コンパートメントのドアを開けたら二人の男が足を伸ばして寝ているのが黒いシルエットで見えた。わたし達は隙間を見つけて、モノも言わず腰掛けて目をつむった。

シチリア

うっすらと夜が明けるころ、列車は港に着き、なぜか下車する事になり、大勢の人の後に付いて歩くとそこはもう、船の上だった。

列車ごとフェリーに乗るんじゃなかったの？　と不満を持っているうちに船は海峡を渡り……朝もやの中からシチリア島が姿を見せた時には感動に変わっていた。それに上陸の時は、船の中の列車に乗り込み、今度は列車ごと、フェリーから陸上の線路へ切り換え、「ゴットン」と音を立てて上陸する事が出来た。

それにメッシーナの駅でさっそくシチリア名物のおにぎりにありついたのだ。日本でもつい最近まで特急が着くとお弁当などを肩から下げた箱に入れて売り歩くおじさんがいたが、全く同じ姿で駅のホームを「アランチーノ」と大声で売り歩いている。これはホカホカごはんのおにぎりの中にトマトソースで絡めた角切り肉とチーズを入れてフライにしたものだ。大きいので一つを半分けして食べた。

あぁ、シチリアに来た。夜のメタポントから十五時間の旅だった。

パレルモ

パレルモ駅の近くに宿をとると、二人で暗くなるまで街を歩いた。道路は塵にまみれ、ショーウィンドーのガラスも汚れていて通りから一歩中に入るとスラム街が続いている。なれない臭いがする。ヨーロッパの駅周辺は日本とは違いとても汚れていて、家のない人達がうろうろしているが、こんなに汚い、頽廃《たいはい》の臭いのする駅周辺は見た事がない。

パレルモ港から西に伸びる道路を行くと、先の方に巨大な石門があった。近づいて見上げるとアラブ風な彫刻が施されている。ふと気が付くと、周りには椰子の木が立ち並び、名も知れぬピンク色の花をつけた木が枝を広げ、夾竹桃やブーゲンビリアが咲き乱れ、ガジュマルの巨木が根を絡ませている。南国の大きな木や花に囲まれた神秘の世界に迷い込み、一瞬、ここはどこだろう、と思った。

すぐ横のノルマン王宮の中で、ビザンティンの豪華なモザイクを見た。近くのエレミティー寺院にも行ってみる。中庭の回廊はほっそりとした白大理石の柱が二本組で続いていて柱のすき間から見える豊かな植物の変化にいつしか甘美な世界の中に引き込まれ、アラビックな空間に酔いそうだ。

みやげ物屋には手作りの人形や馬車などを多く見かけた。ある店で、人形を作っている人が見えたので入ってみた。暗い部屋いっぱいに作りかけのサラセン人の顔や兵隊の顔にまだ衣装が付いていない木片の手足・体等がぶら下がっている。裸電球の下で若い女性が二人、山と積まれた布に挟まれて作業をしている。

ビンー、ビンーとすぐ近くで弦の音がした。暗くて気がつかなかったが、盲目の男性が椅子に腰かけて、うずくまるように膝の上に乗せた弦楽器を弾いている。彼女たちの父親だろうか。

　わたしが興味を持っているのを知って女性の一人が近くの人形劇場へ案内してくれた。週に一度開けるという、その劇場の鍵をあけてもらうと、中の照明は昼間のように明るく、飾り燭台のある真っ白い壁に囲まれて、小さな子供用の椅子が八十脚ばかりきれいに並べられている。子供しか入れない、子供のためだけの劇場。

　その辺りの道路は穴だらけの水たまり、埃っぽい家々の中はうす暗く、人々は貧しいと言うのに、週に一度しか使わない真っ白く美しい人形劇場、なんて幸せな子供たちだろう。その先には白亜のオペラ劇場が二つあった。

　ヘンな街だ。歩き回る程に、思いがけない文明の残照が展開される。古い昔からフェニキア、ローマ、ビザンティン、アラブ、ノルマン、アラゴン人……海を制する民族が支配者と変わり、この地中海のまん中の島は、歴史の荒波に翻弄され続けた。

　深みにはまりそうだ。

　次には何が出てくるか、わたし達はカタコンベに行ってみた。

　入口には黒い修道服に腰に荒縄を巻いた僧が立っていて、横の箱の中にいくらかのお布施を入れるようになっている。

　暗い地下に向って階段をおそるおそる降り、経験した事のない臭いを感じた時はさすがに足がすくんだ。

　ひと二人がやっと通れるほどの通路の左右には服を着たミイラがずらりと立ち並んでいる。崩れ落ちないように上顎と下顎の間に針金を回して壁に固定してある。手や腰にも。それが見る人の背丈よりも一段高く並べてあるから、わたし達を見下ろしている様だ。まだ皮膚がついたままのミイラ、頭蓋骨に片目だけが残っているミイラ、おびただしい数のミイラが生霊のように左右からこちらを見下ろしている。

これは、ある高名な聖人の死後、数年が過ぎても白骨にならなかった事が奇跡として捉えられたのがきっかけになって始まったそうだ。ミイラ化してから生前の服を着せて飾る。高僧、王侯、貴族、地主、女、子供等々それぞれの地位、職業を表わす豪華なレースもすでに硬くボロボロになっていて今にも風化しそうだ。

ヨーロッパ各地に骸骨寺は多いが、ミイラが服を着て立ち並ぶ姿というのは、人間として、まだ思想を有し、煩悩を有し、情念を持っているかのような、そんな迷宮の世界にひきずり込まれそうで恐ろしい。

外に出て眩しい陽光に当った時、委縮していた心臓がふっと広がったような気がした。もう一度大きく、太陽の香りを吸った。

トラーパニ

シチリアの西の果て、トラーパニに来た。一八〇〇円のペンションの床はアラベスク模様、オーナーはアフリカ系女性だった。

のんびりとした町を散策していると高く立派な教会が見えた。教会に至るまでの巾広く高い階段には、結婚式のミサが終ったところだろうか、三台もの仰々しい写真撮影の準備中で、大勢の関係者が階段に座っている。中央には正装姿の長老達が座り、花嫁、花婿若者達は長老を囲んで端の方に立っている。ひょっとしてシチリアマフィアか、と思っているとそのまん中のゴッドファーザー風の人から、一緒に写真に入らないか、と誘われ、断わると怖いことになりそうで、下段の人達のまん中に二人入って写真に納まった。

今、思い出すと、あの写真、住所を教えて送ってもらえば良かった。

トラーパニは塩の町、海水を風車の力で陸に揚げていて、その辺りは塩の山だらけだ。舐めてみた。甘みのあるおいしい塩だ。

夕食のレストランで隣りのテーブルのオーストラリア人夫妻からマルサラワインをごちそうになった。濃くて甘い。ワイン好きの裕子さんがおいしい、と言うので次の日電車で隣り町のマルサラヘワイン工場見学に行った。日本語のラベルもあったので日本にも輸出しているのだ。

旅から帰って、シチリア貴族社会の終焉を描いているイタリア映画「山猫」を見ていた時のこと、クラウディア・カルディナーレが恋人のアラン・ドロンに「あなたはマルサラワインの味よ」と言った時、「その味、知ってるぞ！」と二人で喜んだ事がある。

マルサラでの夕食「スパゲティ・ペスカトーレ」は手打ちパスタで小さい角切りにしたマグロは味付けしてあり、とてもおいしい。この「きしめんパスタ」が私にとってのこの旅パスタ№１となった。裕子さんは今でもベネチアの「イカ墨パスタ」だと言っている。

子供だけの人形劇場の壁に付けられている燭台

ビザンティンの庭　二〇〇一年　夏

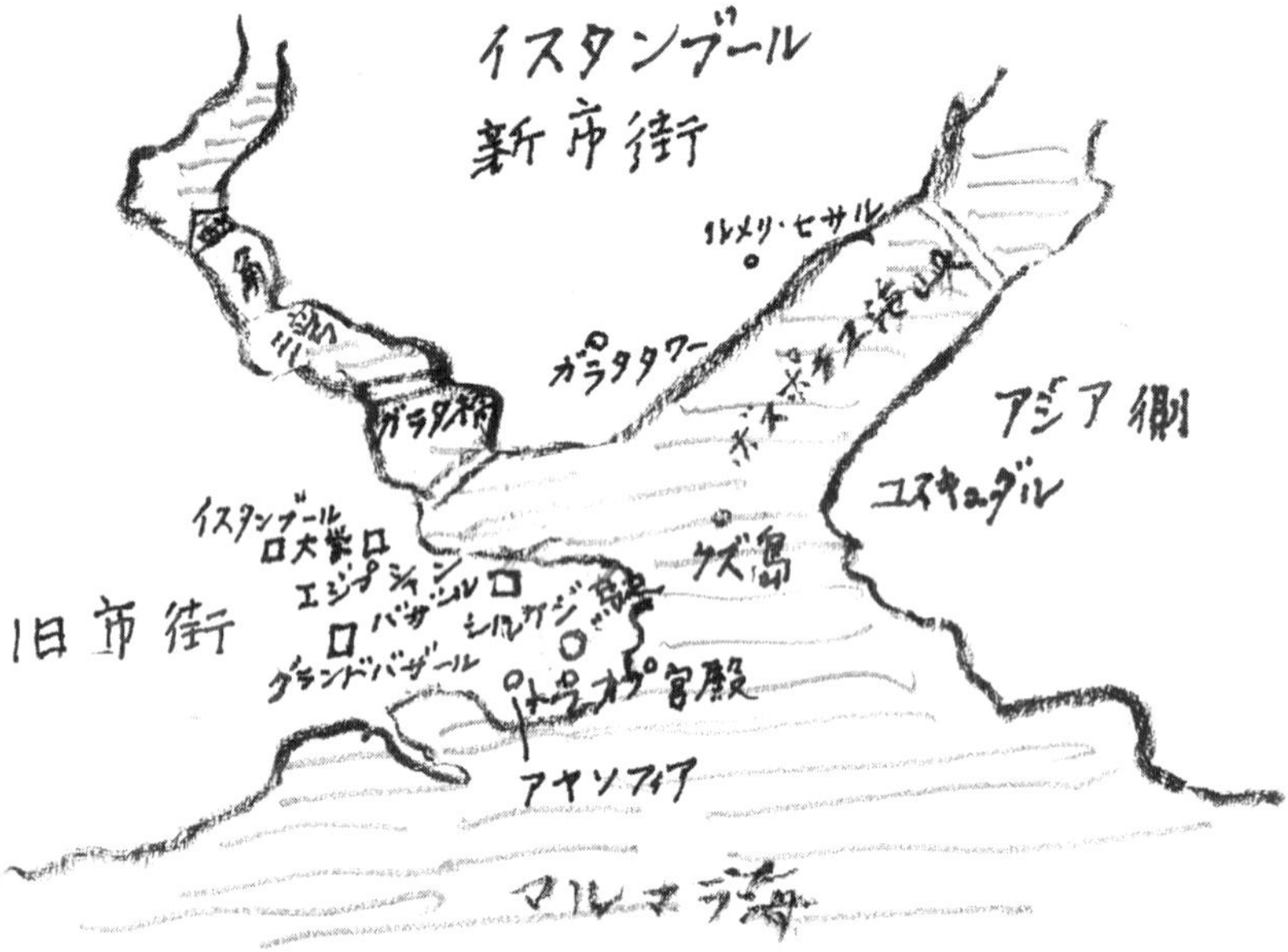

イスタンブール
新市街
金
角
湾
ガラタ橋
ガラタタワー
ルメリ・ヒサル
ボスポラス海峡
アジア側
ユスキュダル
クズ島
イスタンブール大学
エジプシャンバザール
旧市街
グランドバザール
シルケジ駅
トプカプ宮殿
アヤソフィア
マルマラ海

バルカン半島に行きたい。

数年前にルーマニアとブルガリアを訪れた時、辺境の人々の、国家の事情などには揺り動かされない大地のような在りようにふれた思いをしたのが、とても心に残ったのだ。

イスタンブールを拠点にして大まかな場所や期日を決めているころ、思いがけない情報を知った。

トルコ国営航空が東京⇅イスタンブール間の直行便を運航する事になり、その記念サービスとしてツーフライトを無料にする、と言うのだ。ツーフライトというのはトルコ国内に限るのか、と尋ねると世界中どこでも可能という返事だった。

日本からヨーロッパに行く場合、直行便が一番早く着くが、その分高くつくので、わたしはまだ直行便には乗った事がない。でも今度は無料ツーフライトにバルカン半島西端のクロアチア往復を入れて堂々と直行便に乗る事になった。

出発前にポルトガルに住む兄からファックスが来た。

彼にとってバルカン半島は陸続きであるだけに一部の内戦事情は身近な問題でもあり、具体的な事実をあげて、まだ女には危険であると書かれていて、今回のわたしの旅を中止させたいという内容のものだった。

中でも目を引いたのは、難民の若い娘は四〇〇ドルで売られていて、彼の住んでいる小さな町にさえそういう少女を見かけるようになった、ということろだった。

若い娘が四〇〇ドル（たったの五万円）ならわたしはいくらだろう……どう考えてもユルセナイ！ 旅はどんなに生き生きとしたもの、新しいもの、自由なものを与えてくれるだろうか。

もう、すでにわたしの心は旅立っていた。

それに、一緒に行く征子さんとの二人旅も決まっていたのだ。中学のころ同級生の彼女とはよく一緒に遊んだが中学卒業と同時に引越し、五年前にひょんなことから再会した。しっかりした人だ。彼女がいればヘマする事もないだろう。

兄には心からのお礼状を書いて出発した。

イスタンブール

イスタンブールは、ひと昔前の記憶をはっきりと甦らせた。どこか妖しい、どこか人なつっこいカオスの匂いを今も発している。

到着した次の日、わたし達はアヤソフィアの前のベンチに腰かけて午後の予定を話し合っていた。征子さんは地下宮殿へ行き、わたしはブルーモスクをスケッチする。

そこへ二人の男性が「ニホンノカタデスカ？」と近づいて来た時、わたしは「来た！」と思った。イスタンブールのこの辺りでは一〇メートルも行くと男が声かけてくる。「コニチワ」「ゴキゲンイカカデスカ」「ヤスイヤスイ」「ミルダケ」「ツァーアリマス」……まちがえて「ニーハオ」というのもある。反応しなければ「アニョンハシムニカ」と。

台湾人、韓国人、日本人のどれかに当たるだろうというのもいるにはいるが、ほとんどの男たちは、わたしにしても見分けられないアジア人をメシの種の第一歩と努力しているのだ。彼等はスペイン人、イタリア人、ドイツ人も見分けると言う。

二人の名前はケレンとアビディン。きれいな日本語を話す。彼等は大学で日本語を専攻し、今は会社員だが、いつの日か日本に行くのが夢だ、と話している。

次の日は日曜日、ケレンとアビディンがイスタンブールを案内してくれるのだ。

「今日は思いっきり、日本語でいくぞ」とケレン。

早めの昼食はガラダ橋近くのレストランだった。橋の手前のエミノニュ界隈はいつも人であふれている。

車やバスが通る道路をはずれると、土埃りの中に大きな石が散乱していて、その石を利用してジーンズを並べて売っていたり、上にベニア板を乗せて下着を広げていたり、お盆のようなものに数本のタバコを並べて売っていたり、電池売り、ネジ売り、靴売り、Tシャツ、とあらゆる生活用品が無秩序に売られている間を縫うように多くの人が動き回っていて、さらに車やバスのクラクション、船のエンジンの音、マイクの音、子供の物売りの声、ラジカセの音楽等、したたかな喧噪に圧倒されながら、迷わないよう、わたし達は大きなケレンの後ろにくっついて歩いた。

レストランの三階屋上に上ると大型扇風機が音をたてて回っている。青く輝くボスポラス海峡や金角湾、眼下にはガラタ橋、橋の上には釣り人がずらりと並んでいるのが見える。

テラスは満席で街中ではあまり見かけないオシャレなトルコ人ばかり、それに「あまり知られてないけど景色とおいしい料理の店です」と言いながらアビディンはメニューの中から料理を選んでいる。

彼等はイスラム教徒だから酒類は飲まない。四人とも、まず冷えたヨーグルトジュースで乾杯した。

料理は羊の肉とピーマンを串にさしたシシケバブ、羊の焼肉を薄くスライスしたドネルケバブ、羊肉のハンバーグのキョフテ、なすの詰めものドルマ、焼きなす、トマトサラダ、ピラフ、それぞれのお皿にはインゲンや何かの葉が添えられている。次々と運ばれて来る料理でテーブルの上はあふれていた。その中から好きなものを自分の取り皿に移して食べる。

二人に悪かったけど多すぎた。それに……なじみのない香辛料が口に合わず、どのお皿にも料理が残ったままだった。

冷たいヨーグルトジュースはとてもおいしくて、次の日からレストランで注文したが、どの店にもなかった。

食事のあと、また猥雑な活気の中を通り抜けて連絡船に乗り、ボスポラス海峡を渡ってアジア側のユスキュダルに行った。

海峡の中に小さなお城が浮んでいる。

「クズ島です」とケレン。島というよりは塔のある一軒の建物が海に漂っているようだ。

ケレンはその塔にまつわる哀しい物語を聞かせてくれた。千年も続いたビザンティン時代、王家に生まれたばかりに暗い運命を背負う話は多い。クズ島は長い間、幽閉の塔として使われ、最近になってレストランに使用されるようになったそうだ。

丘の上のオープンカフェで話をしている間にも小舟が観光客をクズ島へ運んでいるのを見た。わたしはクズ島の奥に霞んで見える古都イスタンブールを背景に絵を描いた。多くの権力者達が贅《ぜい》をきわめ、血なまぐさい殺戮をくり返したその風景は、霧のような憂愁を漂わせて見える。

イスタンブールに着いてすぐ二人のトルコ人に出会い、考えもしなかったユスキュダル側からクズ島が描けるなんて運がいい、と出会いに感謝していた。

ボスポラス海峡に浮かぶクズ島

日本人と答えるだけで相手が優しい表情になり、快く受け入れられる経験は、前にトルコに来た時も感じていた。

アビディンは小学生の時、学校で日本のことを習ったそうだ。昔、トルコのオスマン帝國は勢力を拡大していき、やがて近代化に乗り遅れて衰退しつつある時にバルカン半島をめぐってロシアから追い打ちをかけられ戦いに破れた。この憎っくきロシアをやっつけたのが東の小さな国、日本だ（日露戦争）と言うのだ。一時期世界地図を塗り変えた程のトルコ帝国の誇りを日本によって持ち直した、とでも言うように。

私はトルコの事を「好きです」というはっきりした表現では語れない。それ以前に何も知らないのだ。ふと、「ここユスキュダル」の歌を知っている事を思い出した。中学のころ、江利チエミがラジオで「ウスクダラ」と歌っていて、その妖しげな施律と奇妙な言葉に興味を持って、何語かも知らないままに全部覚えていたのでそのまま歌ってみた。

歌い終ったあと、笑いながら聴いていたケレンが歌詞を教えてくれた。恋歌だったのか。

二日後にクロアチアへ出発する話をすると、二人共「クロアチ……?」と首をかしげている。旧ユーゴの一つの国と言うと分ってくれたが、トルコでは何と呼ばれているのだろうか。

クロアチア

クロアチアの主都、ザグレブ空港に着いてすぐ、バスでザグレブ中央駅に行った。普通、駅周辺には安宿が多いからだ。

宿をとり、すぐ散策に出た。

今朝までの暑くるしい程の人々の熱気や騒音がピタッとなくなって、なんだかもの足りない程だ。わたし達は細長いクロアチアをどう南下するか話し合った。アドリア海に面した所ばかりだから一度くらいは森の中の空気に浸ってみようと決まった。

クロアチアは列車より長距離バスの方が発達している。次の日、バスターミナルへ行った。大きい。大きくてガランとしている。出発まで中を見物してみると、バスの行き先はリュブリアーナ、ウィーン、ミュンヘンなどがあり、あぁ地上はどこまでも繋がっているんだ、と不思議な思いがする。

プリトヴィエッツェはかなり大きな森だから、まず二週間分の重たいリュックをホテルに降ろしてから森を満喫しようと計画したのがまちがいの元だった。

プリトヴィッツェの森の案内所でバスを降り、案内の人から教えてもらったホテルの場所の「あっち」の方に向って歩き出した。暗い森の中の狭い山道を登ったり、下ったり、崖を歩いたり、その下の樹木が生い茂る谷底からの急流の音を聞きながら、誰にも会わず、ホテルもなく、二人共不安と疲れでへとへとになり、いつごろからか無口になっていった。

そんなころ、谷底の樹木の間からエメラルドグリーン色の光るものがちらちらと見えた。少し歩くと今度は、大きめのエメラルドグリーンが見える。湖だ。二人は佇んで「きれい」と言っては歩き、また「きれい」な湖が現われ、元気になったころホテルの裏口らしい所を見つけた。その先には広場があり、多くの観光客が見える。

わたし達は森を横断して、出口の所にホテルを見つけたのだった。

部屋に入り、倒れるようにリュックを置くと、窓の外の天まで届きそうに伸びた見知らぬ樹木や、杉の木のような松の大木などの林を眺めて晴れやかになると、次の日にはツアーに参加してエメラルドグリーンの湖を船で渡ったり石灰岩の島に上って怖ろしいような足元の滝の轟音としぶきを浴び、岩の間の狭い所に白や黄色、ピンクの花の乱舞に驚き、森と湖の神秘に浸ったのだった。

バスはゆっくりと南へ向かっている。

クロアチアの南半分はアドリア海に沿って動物のしっぽのように細長い形をしている。日本の高速道路ならその日のうちに着きそうな距離なのに、この国には高速道路もトンネルもなく、昔からの山道を登ったり降りたり谷間を曲がったりして縫うように進んで行くので、四・五時間バスに乗っては海沿いの町に泊る旅を楽しんでいた。

バルカン半島の「バルカン」とはトルコ語で山脈という意味だそうだ。どの山にも石灰質の白い岩がとびだしていて、ちょうど北九州のカルスト台地の平尾台が延々と続いているようだ。

あきる程見た低い山々には乾燥した岩盤の上にわずかに植物が生きていて針のような葉が付いている。谷間の奥に青い海が見えてくると生き返るようだ。

ザダールを出たあたりから左の山の斜面には独立時の戦いのつめ跡が見えてきた。銃弾を受けて壁にぽっかりと穴のあいている家、屋根が破壊されて空になった家、瓦礫の山と化した建物のあと……。インターネット情報では舗装道路以外は歩かないように、という注意をしていた。まだ地雷除去までは手が回らないのだ。クロアチアのかなりの部分はボスニア・ヘルツェゴビナとユーゴスラビアに隣接していて、その七〇〇キロに及ぶ国境附近は今も緊迫した情況にある。とてつもなく長い爆弾を抱えているのだ。

一方、右側には解放された美しい海を見る。海岸沿いには白壁に赤い屋根の建物が次々と現われ、小さな島々が明るい太陽を浴びている。新築中の家も多く、別荘やミニホテルの建築ラッシュのようだ。今、ヨーロッパではクロアチアのアドリア海岸沿いの狭い土地が「買い時」と言われてるそうだ。まだ出来上がってない建物の壁には早くも「ROOM」とか「SOBE」などの看板がとり付けられている。ROOMもSOBEも自宅の空き室を素泊りの宿泊スペースにするものだ。

輝くばかりの美しい海と暗い影……の間をバスはただひたすら走る。

スプリットに着いた。バスを降りるとさっそく二人のおばさんに挟まれた。SOBEのおばさんだ。長距離バスの到着に合わせて客引きに来ている。

愛想の良さそうな方について行った。なにしろバスから降りた所にハスキーな声で「あははははトゥーハンドレットクーナ（一泊二五〇〇円）」に迎えられたからだ。日に焼けた手足がTシャツとギャザースカートから出ていて、木の枝のように細長く、飛ぶように歩く、まるでかまきりの様だ。バス停からテント屋根の屋台がずらりと続いていて色々な物を売っているが、おばさんはその一つのテントの上に細長い手を伸ばしてビニール袋を取り出した。中にはその辺の市場で買ったと思われる野菜などが入っている。客を迎えに行く前に今夜の食材を仕入れて、だれかのテントの上にちゃっかり隠していたのだ。店のおじさんにじろりと睨まれ体裁が悪かったのかわたし達に肩をすぼめ「あははは」とハスキーな声で笑った。

港の中央部まで来ると露店はなくなり、見上げるような高さの石壁が続いている。「ディオクレティアヌス宮殿！」と彼女はかまきり腕を壁の左側から遠く西側へ向けて示している。

これが……。わたしは一八〇〇年も前に造られたこの宮殿を見たくてスプリットに来たのだ。

ローマ皇帝が退位後の場所として造った宮殿は気が遠くなる程の長い間をここに同じ姿で座り続け

ている。大きな大理石を積み重ねた壁は、今では艶をなくし、乾いた土色になった上に汚れで黒っぽく変色してはいるものの揺るぎない永遠を感じる。

はるかな昔、舟の時代、海上からスプリットに入る人々は大海原に浮かび上る白亜の宮壁を見て、この世のものと思っただろうか。

かまきりおばさんのＳＯＢＥは宮殿のはずれにあった。

わたし達の部屋には狭いキッチンが付いていて棚にはお皿ややかんが載っている。もちろん、クーラーやテレビはないし、外は三〇度を越していてもドアや窓を開け放すと細い露地から涼しい風が入り込んでくる。風と一緒に土埃りも入ってくるからキッチンのお皿もベッドもざらざらしている。

わたし達はさっそく隅に立てかけてあるほうきで床を掃き、テーブルの上を拭き上げた。せっかくのキッチンを利用しようとお湯を沸かし、お互いに持ってきた携帯用のおかゆやラーメンを出し合ってままごとのような四日間を過した。

宮殿の中庭で崩れかけた遺跡を描いた。廃墟は好きだ。その崩れ残った石から発する人間の情念のようなものに惹《ひ》かれ、美しい、と思う。

背の高い男性が「あなたのシスターは城壁の向うで描いてたよ」と話しかけてきた。

征子さんとわたしはいつも探せば見つかる距離あたりにいるのだが、今日は壁の外にいるのか。

ヨーロッパからの観光客だろう、彼等の目には日本人の女は同じ顔に見えるのだろうか、わたし達は同級生だから同じ年、姉妹《シスター》に見えたのならどちらが妹に見えたのだろう？

それにしても、わたしはラテンの国ばかりを旅してきて、身長についてはさほど驚く事はなかったが、この国で出会うスラヴ系の人や北ヨーロッパの観光客の背の高いことといったら。「ガリバー旅行記」の作られた背景は案外こんなものかも知れないと思った。

数日のうちに、地雷のことや銃弾の跡を見た事が幻となって消えていた。

元気に笑うかまきりおばさんの魂はナチスに占領されたり、旧ユーゴの社会主義時代にさえもどっかりと根を下ろしているこの宮殿のお陰で、一時期の国の事情に左右されない強さが根付いているのではないだろうか。

わたし達も彼女や宮殿にあやかって光輝くアドリア海を満喫した。

ドブロヴニク

バスは荒涼とした山々をめぐっているうちに突然、視野に入り切れないほどの広い空と海の中にわたし達を運んでくれた。

ドブロヴニクに着いたのだ。

宿をとり、まず部屋の窓を開けて息をのんだ。そこには中世の世界が広がっている。樹木の先にまるで巨大戦艦のような城壁の要塞部分が垂直にアドリア海深く沈み込んでいる。

城壁の各コーナーを守る円形の要塞が、目の前に見えるその一つだけでも古い昔のお城を思わせる大きさだ。付いている窓が極端に小さいだけに重々しく、怖ろしい。壁伝いに目を移すと、城内に入る跳ね橋が鉄の鎖で繋がれている。

次の日にはこの城壁の上を歩いてみた。

跳ね橋を渡って城内に入ると左側に急な階段が壁の上まで続いている。

壁の幅は信じられない程厚く、狭い所でも三メートル、広い所は五メートルはあり、そんな壁が旧市街をぐるりととり囲んでいる。壁の上は塹壕の形になっていて、角ごとにある五か所の要塞の場所はバレーボールでも出来そうな広さがある。兵士達はここで仮眠をとる事も出来ただろう。

見張りの塔や幽閉に使われた塔もあり、壁の砲台の穴を覗くと、広い海に向っていたり、港に向っていたり、裏山に向っていたりしている。

この城壁の半分はアドリア海に突き出すように位置しているため、壁の上から身を乗り出して真下を見ると、深海に吸い込まれそうで足がふるえる。守り易く、攻め難い城という事だろうか。

壁の内側を見降ろすと一面、茶褐色の屋根で埋め尽くされている。屋根裏部屋からとび出した明かり取りの窓、四角や丸型の林立した煙突・大・小の教会の鐘塔、町の中心のブラッツァ通りが見える。通りから南側には崩れかけた家々で混雑していて迷路のような細い道も見え隠れする。ヨーロッパアンティークの箱庭だ。

壁の上の散歩は二時間程で終わり、階段を降りてアーチ型の門や跳ね橋を渡りきると、なんだか映画を見終って外に出た時のような、今見てきた中世の夢と現実が混融して浮遊するような気分だ。

遅い夕食を終えて部屋に戻り、窓を開けて驚いた。

満月だ。

外灯のない夜の空に浮かび上がり闇の世界を支配するかのように、肉色をした大きな月が偉容を誇っている。凄みのある中世の幻を見るようだ。

今でも夏に満月を見る時、あの、ドブロヴニクの夜を思い出す。もう一度行くチャンスがあればやはり七月、城壁入口近くのあのホテルに泊って満月を見たい。

アドリア海に浮かぶドブロヴニク

バルカン内戦

何かを置き忘れているような、胸の奥に何かがつまったままのような気持ちでイスタンブールに戻ってきた。

クロアチアからモスタール（ボスニア・ヘルツェゴビナ）、オフリド（マケドニア）、そしてギリシャへと陸路を南下するのが以前からの夢だったのに、二つの国をいとも簡単に飛行機で飛び越えたのだ。旧ユーゴと言われる国々がまだ内戦状態にある事は知っていた。一方で社会主義の時代にもビザンティンの建造物や美術が大事にされていたのも知っていた。

モスタールの橋の上に立つ。今回の旅のはずせない目的の一つだった。ところが旅の日程を決めたころ、新聞にモスタールの橋の写真を見つけて愕然とした。橋が空爆で破壊されて、石がばらばらに散っている。NATO軍の兵士が崩れた橋のたもとに銃を持って立っている。写真の下には「NATO軍が内戦を終結させた」という記事が添えられていた。人々が長い間大事にしてきたものを同じ宗教を持つ者が破壊する、人間のおろかさ……。

数日、茫然と過した後に決めた。ボスニアへは行かない。

こうなったらやられる前にオフリド周辺の町を目に焼きつけとかなくちゃ。マケドニア国のオフリド湖畔にひっそりと建つ小さな寺院を描くのは、わたしの脳裏に以前から棲みついていた。と思っていた矢先に出発直前、また、新聞に大きくとり上げられていた。「バルカン内戦はマケドニアにまで拡大！　難民八千人はギリシャとの国境に云々……外務省も危険地域と……」

つい一ヶ月前にマケドニアの観光局から「アンゼンデス。ドウゾキテクダサイ」との連絡があったばかりなのに、タッチの差で入国さえ出来なくなった。

せっかく独立したのに良い指導者がいない。バルカン半島に内在する人種のるつぼ、宗教がらみを噴出、逆行させ、人々を混迷に落とし、権力闘争に明けくれている。

ザグレブからイスタンブールまでの二時間、わたしは飛行機の窓にしがみつき、下の景色ばかり見ていた。ボスニアのネレトバ川は見えないか、オフリド湖を通らないか。でもただひたすら茶色っぽい山々だけしか見えなかった。

クルド人

クロアチア二週間の旅を終えてイスタンブールに戻ってきた。ホテルも変えた。最初のホテルは一泊八ドル（九六〇円）と安く、屋上にはもの干し台が自由に使えるようになっていて、そこからシルケジ駅の屋根越しに青く輝くボスポラス海峡を眺めるのは楽しかったが、建物が古く部屋は清潔とは言えず、夜になると周辺はまっ暗くなるので、ブルーモスク近くの朝食付き一五〇〇円のきれいな木造ホテルに移った。なによりも、ここにはカウンターがあり、いつもフロント係がいて部屋の鍵を預けたり、色々な事を尋ねたり出来た。フロント係は二人いて、時間差でそのどちらかがいつもいる。一人は中年男性で髪は褐色の巻毛、目は緑色をして母親がフランス系のクルド人だという。もう一人の「サワシェ」という名の若い男性は両親共にクルド人なのに肌は白人のようだし、目は茶色。

この地はアジアとヨーロッパの接点、歴史の重みだけ血も混り合っているのだろう。

サワシェはあごひげを伸ばしている割には子供っぽい。ある日ホテルに戻った時、フロントには誰もいない。部屋の鍵はセルフサービスだろうかと思っていると、突然後ろから「わっ」と両肩をたたかれ驚かされた。道路からホテルの入口に向うわたしの姿をガラス越しに見てドアの片隅にでも隠れていたのだろう。ヒマなホテルなのだ。

フロント奥の小さな庭が気に入って、そこに置いてある椅子に腰かけていると、彼も隣りの椅子に腰かけてきて何か面白い話はないか、という表情をする。

そんな時、サワシェという名前の意味を尋ねて驚いた。

いたずらっぽい目を落として「戦争」と答えたのだ。次の弟の名前がバリシュで「平和」、一番下の弟の名前がザフェルの「勝利・繁栄」。お父さんがギリシャとの戦争から戻った後にサワシェが生まれたそうだ。

トルコとギリシャとの関係は今でも深刻だ。

ホテルの近くに住んでいる茨城県出身の日本人女性はトルコ人の夫と小さな旅行斡旋業を営んでいるが、もうすっかりトルコ人になりきって「ギリシャは昔、トルコだったんですよ」と強い口調で言っていた。

サワシェのお父さんは生きて帰ってきた勢いで、生まれたばかりの我が子に「戦争」と名付けたものの、数年のうちに「平和」「繁栄」と、やわらかな気持ちになったのだろうか。

サワシェは正直で人なつっこいから、誰からも好かれてきっと自分の名前を超えられるだろうと思った。

聖ソフィア

聖《アヤ》ソフィアに行った。館内はただの広い空間だ。茫洋としてうす暗く、わずかに乳香の薫りを漂わせている。ここはビザンティンの象徴的な聖堂として栄華を誇り、オスマントルコに奪われてからモスクに変えられ壁のモザイク画は全て漆喰で塗り潰されたが最近になって漆喰を少し取り除いたので、初期のモザイク画がちらちら見えてはいるが、目もくらむような黄金の聖堂のイメージは消え失せている。ただ天井の巨大ドームが天高く浮かんでいるのは圧巻だ。

一五〇〇年前、キリスト正教として繁栄していくころ、この壮大、黄金の聖堂を建てて式典に臨んだユスティニアヌス帝はここに立って「ソロモンよ！　私はあなたに勝ったのだ！」と叫んだと言う。旧約時代に大神殿を建てて栄華を誇った、あのソロモンに対してである。なんとスケールの大きな叫びだったことか、声は天上のドームに反射して堂内に響き渡ったことだろう。

同じころ、キエフ・ロシア公国の大使がここ、アヤソフィアを訪れたあと帰国して、国教を決めかねていた大公へ報告した。「私は天上にいたのか地上にいたのか分かりませんでした」。この感動のひと言で正教に白羽の矢を立てたのがロシア正教のはじまりだそうだ。

わたしもそっとまん中に進み出て上を見上げたら足がすくんだ。

そのあとわたし達はカーリエ博物館に行った。長い間の権力の狭間に翻弄されながらも、郊外の修道院という地味な施設に助けられてビザンティン絵画が多く残っている。

中は天井、壁、柱とモザイクやフレスコ画で埋め尽くされている。

病いを治すキリスト、連行されるキリストなどキリストの物語や十二人の使徒・弟子たち、聖人たち。ドームの中心のモザイク「全能のキリスト」の目の表情は怖いほどしっかりとこちらを見すえている。

イスラム世界に無傷のザビンティン絵画の宝の山。国際的なイスタンブールならではの余裕だろうか。他に誰もいない会場を出て周りのきれいに整備されてる丘の木影に座って征子さんと二人、聖堂を眺めながら時を過ごした。

金角湾

金角湾を船で上り、最終地で降り、小高い丘の上のチャイハネ（喫茶店）でのんびりしようという計画を立てた。

金角湾という名前はこの湾の形が動物の角に似ていて上流がカーブしながら細くなっているところからそう呼ばれている。呼び名の頭に「金」をつけたのはトルコ人だろう。

なにしろオスマントルコの青年王メフメット二世が奇想天外な作戦をとり、この湾でビザンティン帝国を崩壊させた輝かしい歴史を持っているからだ。まだ二十一歳のスルタン（王）は、敵が湾の入口に巨大な鉄の鎖を張り、軍艦の侵入を阻止したと知るや、舟隊を対岸の丘へ曳き上げ、山を越えて、湾の後方から奇襲をかけてローマ帝国を滅ぼすきっかけになったというのだ。

エミノニュ桟橋には大・小さまざまの船が止まっている。アジア方面に行く船、ボスポラス海峡から黒海へ行く船、豪華客船、ヨット、トルコ語の分らないわたし達は客引きの男たちの大声を耳にしながら金角湾を上る船を捜した。エミノニュの雑踏からはずれた所に、小さな紙に鉛筆書きの時刻表が貼られてる小屋がそうだった。

渡し船は四十人程のトルコ人で満席。親子連れ、夫婦、学生と、町では見かけることの少ない女性のチャドル姿、生活の匂いのする雰囲気だ。

わたし達はそれぞれ空いた席に腰かけた。横にいる女学生が少し英語が分るので、同じく少し英語のわかる私には三十分の楽しい船旅だった。

船は右舷の新市街側の船着き場に停ったり左舷の旧市街の船着き場に停ったりしながら進んでいる。ある船着き場でまっ白いセーラー服を着た五・六人の青年達が晴れがましい顔つきで降りていくと、彼女は目を輝かせて横の大きな建物をゆび指して「あれが海軍兵舎です」と言う。

ひょっとしたらこの辺りがメフメットの軍隊で埋まったところではないだろうか。

トルコの兵役の規定は大体十代の終わりごろから二十六歳位までの都合のいい時に入隊するそうで、年齢にかなり幅があるのに、その期間は五百五十五日だそうで、ヘンな決まりでしょう、と笑いながら話す。

多くの乗客達はわたし達と同じ最終地のエユップスルタンジャミイで降りた。

割礼

ジャミィ（寺院）だらけのイスタンブールでもここは特別な所だ。メフメット二世がこの地で旗を上げてまもなく、スルタン（王）が即位時に聖剣の授与を行なう寺院を建てた、トルコ人にとって由緒ある寺院である。彼女も時々家族とお詣りに来るそうだ。

またこの寺院は割礼の寺として有名な所でもある。イスラムやユダヤ教世界では男の子の割礼の歴史は長い。言葉としては知っていても、男の子はその日どんな顔をしているのか、親はどんな様子なのか。日本に馴じみのない儀式のほんの一端でもかいま見られたら、と思っていた。

人々の後をついて行くと、いつの間にか門前町に入っていた。道の両側には出店が続き、あたり一面乳香の香りに包まれている。

ジャミィは噴水のある広場の先にあった。

割礼祝の兄弟

広場の噴水横のベンチに割礼の子がいた。六歳位に見える男の子が刺繍のふちどりの帽子を被り、くじゃくの羽根のような飾りを付けて、古いトルコの細蜜画に出てくるようなスルタン服を着てはしゃいでいる。近くにいる母親の陰から、もっと小さな王子様がとび出してきた。

お母さんと一緒にベンチに腰かけ、「おめでとう」と両手を合わせて言うと彼女は全身を揺らせて喜んでいる。許可を得て兄弟を描かせてもらっている間、お母さんは、嬉しくてたまらない様子の小さい方の王子様をじっとさせるのに気遣ってくれた。

そのうちあちらこちらから似たような王子様たちが現れた。服は少しずつ異なってはいるが皆、晴れ舞台のような得意気な表情をしていて泣いてる子など一人もいない。

後で分った事だが、ここでは祝いの儀式だけをやり、一週間ばかり王子様を親戚などに連れて回り、祝儀を集めた上で披露宴（！）をやり、その後に専門の所で割礼するのだそうだ。

ところでイエス・キリストはパレスティナで生まれた。彼の割礼で切り取った小さな皮片がローマのサン・ピエトロ寺院に残っているというのは本当だろうか。

わたし達はその後小高い山の上にあるチャイハネに行った。金角湾を見下ろすように木陰にはずらりとテーブルや椅子が並んでいる。

カップルや家族連れ。女性のほとんどはチャドルを被り、町の中では夫の陰に隠れるようにして歩いているがここでは皆、解放された表情をしている。

十四世紀イブンバトゥタが書いた『三大陸周遊記』には、モロッコを出発して北アフリカ、アラビア半島、アジアは中国大陸まで二十八年も旅していて、青い目や金髪のローマ人を「野蛮」と書き、そんなコンスタンティノーブル（今のイスタンブール）へ政略結婚させられて行ったイスラム王女の哀れを書いている。

　わたし達は金角湾を望みながら、イスラム女性の事を考えたりチャイを飲みながらスケッチをしたりしていた。

　隣りのテーブルの男の子と女の子が珍らしいものでも見るようにわたし達から目を離さないので持っていたキャンディをあげたら、子供のお母さんから直径が三〇センチ程もある丸くて赤いおせんべいをいただいた。二人で割って食べてみると、トルコ料理にも入っている香辛料がこれにも入っていて馴じめない味だった。

ドイドイタクシー

　帰りはバスにした。バスは海峡の方へ行くというので駅近くで降りた。

　ホテルまで歩いても三十分程の所だったのに、そこには身動き出来ないようにタクシーと運転手達がいて、目の前に立っている男がす早くタクシーに座って片手をドアの中にさし出し「ジャパニ！ここに座る！」と言わんばかりの仕草に誘われて二人共すい込まれるように乗ってしまった。運転手の、わたし達が乗ってからドアを閉め、中腰のまま運転席のドアを開けてハンドルを持つまでの、数秒もかからなかった電光石火の動きがおかしい。

　トルコのタクシーに自動ドアはない。もちろんクーラーも料金メーターもない。

　行き先にわたし達のホテル名を言っても分らないので、ふと地元の人ならだれでも知っているレストランが近くにあるのを思い出して「ドイドイレストラン」と言うが早いかタクシーはブォッと走り出した。

しまった、値段の交渉忘れてた、と気づいた時、車は角を曲ってボスポラス海峡の方へ進んでいる。わたし達は毎日歩き回っていたのでイスタンブールの地理を大まかに知っていて、角を曲がらずにまっすぐ行く方がずっと近いのでわたしは運転手に「道が違うよ、今の道をまっすぐ行って」とジェスチャー入りで言っても運転手はもっと大きなジェスチャーで何かを話し首を横に振る。

車は大回りしてドイドイレストランの前についた。三五〇万リラ（三五〇円）だった。

征子さんは「安いからいいじゃない」と言うがわたしはなんとなく納得いかなかった。

このうやむやな気持ちは次の日にはさっぱりと解決した。まさかこの喧噪の中で同じ運転手に出会うとは。

その日はシルケジ駅の一番奥のホームに置かれたままの「オリエント急行」を見てネイビーブルーの車体をさわったりした後、ガラタ橋を渡り、ガラタタワーの屋上から青く光るボスポラス海峡やモスクの屋根を眺めた。それから、近くの有名なクラシックホテル「ペラパレスホテル」に入り、フロントに立っている年配の男性に「アガサ・クリスティが住んでいた部屋を見せて欲しい」と言いながら、そっと一ドル札を出すと、笑顔で受け取ってくれて、エレベーターに一緒に乗り、部屋の鍵を開け、窓を開けてくれたり、壁に飾ってあるものを説明してくれたりした。

窓の外には多くの車がスピードをあげて行き来している六車線の高速道路が見えたが、「オリエント急行殺人事件」を書いていた当時は深い森に囲まれていて、この窓からは池が見えていました、と聞いてなんだかホッとした。

アガサの部屋を見た後にルメリ・ヒサルまで歩き、帰りはバスにした。バスはどこまで乗っても六十円。どこ行きか適当に乗ったら、また昨日の所で降りる事になった。

騒音の中で駐車タクシーの間をすり抜けていると、「ジャパニ！」「マダム！」と声がする。振り向くと昨日の運転手が日焼けした笑顔で両手を広げている。彼は頑丈そうな体を素早く揺らして自分の車へ行くとドアを開き「ドイドイ？」と聞いてきた。きのう降りた「ドイドイレストランまで行くのか」という意味だ。

わたし達もついうなづきながら「ドイドイ」と答えた。が、今日はダマサレないぞ、交渉、交渉。きのうが三五〇万リラ（三五〇円）だったから「三〇〇万リラ」（三〇〇円）と落としてみたら、あっさり「ＯＫ！」と同時にわたし達をシートに押し込み勢い良く飛び出した。

あまりにあっけないＯＫに気合い抜けして「きっともっと安かったのよ」と言い合う。

きのう曲った角をどうするか、

彼は何のこだわりも見せずにまっすぐつき抜けたのだ。

早めにレストラン前に着き、手をあげて車が走り去ったあとわたし達は今度あのドイドイタクシーに出会ったら二〇〇円にさせよう、などと言い合った。

乳香探し

エユップスルタン寺院へ向う門前町で乳香の香りに包まれながら、ふと夫からおみやげに「アラビアの乳香」を頼まれていた事を思い出し、ここで探すことにした。

乳香は乳白色の小さな石のように固いもので、火をつけて暖めると煙と共に次第にいい香りを発し、それを人々は着ている衣服にたき込む。甘い香り、さわやかな香りと種類も多く香水のような、安定剤のような役目をするアロマテラピーである。

ルメリ・ヒサル

はるか昔、アラビアの乳香は金の値段に匹敵する程の貴重なものだったらしい。乳香の道は絹の道よりずっと以前、アラビア半島に始まりシバの女王やクレオパトラにも愛用され、香料の宝石とも言われ、栄華を極めていった。ヨーロッパの人々もこの香りに東洋の神秘を感じていた事だろう。

船の中で知り合った女学生にその話をすると彼女は寺院の奥から関係者を連れて来て、その人に付いて行くと専門店に入った。多くの布袋の口を広げいろいろな種類の小石のような香料が入っている「乳香」というトルコ語が分らないので家にあった豆粒ほどの小さな一片を参考に持ってきた。

が持ってきた乳白色のものはなかった。優しい人達ばかりだ。

次の日、エジプシャンバザールで探すことにした。専門店もあり一軒ずつ、かけらを見せて探した。バザールでガラス瓶にそれぞれ異なる種類の香料を入れてずらりと並べられているのが子供のころ見た駄菓子屋のあめ玉の瓶を思い出した。

やはりどれも持参して来たものより濃い色をしている。乳香ではなさそうだ。

とうとうある店で、わたしは紙に絵を描いた。恥ずかしい思いを押さえて雌牛の四つのオッパイからポタポタと乳が落ちる絵を。店員が集まってきて笑っている。顔が熱くなってくるのをこらえながら「あ、この国では牛ではなく山羊の乳だった」と今度は山羊に描き直しても皆、ニタニタ笑っている。いやらしい男たち！

と二つ消してもまだ笑っている。「牛のオッパイは二つだったたっけ」

これだからおみやげ指定はいやだ。

別の男がわたしが持っている乳香にライターで火をつけた。甘い香りがした。すると彼は二種の瓶を取り出してこれに近い、と言う。色は違う……が、もうどうでもいいから近い香りのものをいくらか買って店を出た。また別の店でも絵を見せて、火をつけて、少し買った。乳香を探せない負い目を感じて三つの店で大粒のものだけを選び、両手いっぱいの量で合計三〇〇円程になった。

わたしが店を出て歩き出しても、どこの店員たちからもふくみ笑いと共にいつまでも見送られて、いやな感じだった。

山羊のオッパイの絵がそんなにおかしいか。


旅を終えて夫に乳香買いの苦労話をした時はもっと大きな声で笑われた。牛でも山羊でもなく植物の樹液だったのだ！

ちょっと考えてみればだれにでも分かることだった。例え牛乳を何かで固めたとして、火をつけても甘い香りなど出るわけがない。わたしは乳香という字から思い違いをしていたのだ。

樹木の幹に傷をつけると、乳白色の液が傷の溝を伝ってポタリポタリと落ち、自然に固まっていく。樹木の種類は多く、それぞれ色も香りも異なるそうだ。

ギリシャ　神話の国で

バルカン半島
黒海
アレキサンドルポリ
イスタンブール
カヴァラ
マルマラ海
テサロニキ
ギリシャ
メテオラ
トリカラ
エーゲ海
トルコ
アドリア海
デルフィ
アテネ
コリントス
ポロス島
イドラ島
サントリーニ島

イスタンブール

トルコからギリシャへ

イスタンブールのホテルに描き終えたスケッチブックなどの荷物を置いてギリシャを南下していく一ヶ月の旅に出た。

エセンレル・オトガル（バスターミナル）は大きく、国内線、国際線と空港並みに分かれていて、ブルガリアやルーマニアを通ってチェコやドイツまでも行く。バスのデザインもまちまちだ。、皆、大きな荷物を抱えている。

わたし達が乗るバスは中でもかなり使い込まれてる様子だった。

トルコからギリシャに抜ける国境検問所はエブロス川の橋にある。橋の手前にトルコ側の検問所、橋を渡った所にギリシャ側の検問所、その間のどちらの国にも属さない緩衝地帯の橋を歩いてみたい、と言ったらバス会社の人から「それは出来ません！」と一喝された。

二つの国はアレキサンドロス（アレキサンダー大王）がこの川を渡り東方遠征への足がためをしたころよりお互い争奪をくり返し、今でも細心の注意を払っているのが国境附近だ。

出発して四時間が過ぎたころ、バスがスピードを落とした。

橋だ。エヴロス川は思ったより狭い。若い大王はこの川を騎馬でひとまたぎして西アジアを征服し、強敵ペルシャを倒した。

数日前には二十一歳のオスマン・メフメットが征服した金角湾を、そして今日は二十歳のアレキサンドロス。世界は若い彼等にどのように写っていたのだろうか。

ギリシャ側検問所で全員バスから降ろされ、パスポートを集めて持って行かれた。皆、何もする事もなくただ、降りた所に立っている。

乗客の中に二人の日本人バックパッカーがいて、四人で話す。こんな時にいつも聞かれるのが「ネンパイの人がなぜバックパッカーに？」というものだ。彼らと同じくわたし達にとっても一番楽な旅のやり方なんだけど。

わたしの名前を呼ばれて部屋に通され、鍵の音がガチャッと聞こえた。目の前のテーブルには目つきの厳しい三人の調査官が座っている。三人それぞれがギリシャ訛り（？）の英語で質問してくる。どこから来たのか、ギリシャへ来た目的は？　行き先は？　滞在期間、仕事、持参金をドルと円で書き出しなさい。空港の入国審査でもそうだったが、いい歳をした女の一人旅は納得させる要素が少ないようで根掘り葉掘りの質問が続くので「ちょっと待って下さい」と言って外にいる征子さんにも入ってもらうと、まもなく二人一緒にＯＫが出た。まじめな風貌と、わたしよりはマシな英会話も早い解決につながった。

乗客全員のチェックが終わると次は荷物検査、数時間の後にパスポートを戻され、別のギリシャのバスに乗り、ギリシャ入口の町、アレクサンドルポリに着いたのは夕刻になっていた。

アレキサンドロスが最初に都市を造って自分の名前を付けた町である。青年王は、都市を征服しては自分の名前を付け、部下をその代表者に置いて治めさせ、次の都市を目指す、という戦い方を続けながら勢力を広げていった。そのため彼の名前のついた都市は多く、この近くにもアレキサンドリアという町がある。

イスタンブールの考古学博物館でアレキサンドロスのものと言われる石棺を見た時は息苦しい思いをした。お棺の四面にはペルシャ軍との戦いに勝利する姿が勇々しく彫られているものの、石の蓋はまるで生き返られては困るかのような重厚なものだった。

バスを降り立つと風景が一変した。

建物が異なり、人の顔が異なり、女性の服装が変わり町の匂いが違う。

ここはヨーロッパ。国境の町として大事な場所なのにうらさびれたヨーロッパの田舎町だ。

オシオス・ルーカス

次の日にはカヴァラではじめてエーゲ海を見ると、テサロニキに行った。アテネに次ぐ都市。宿をとり、暗くなるまで散策した。

埃っぽい町を歩き、エーゲ海沿いに出ると風景が明るく変わる。海に向けて椅子を並べたカフェニオン（軽食喫茶）がずらりと並んでいる。若い人達が飲みものを手に本を読んだり話したりしている。大学生のようだ。近くにテサロニキ大学がある。ギリシャには私立大学はなく、わずかに選ばれた者だけが国立の大学に行くそうだ。

ところどころにピンク色のネムの花が木いっぱいに咲き誇って遠くから見ると、大きなピンクのぼんぼりに見える。

大きな穴の中に生き続けている教会を見た。

普通、長年の間の町造りや道路造りなどで、地表は徐々に高くなっていくが、当時のままの土地で今も使われているギリシャ正教の教会だ。信者たちは現在の土地から十段程の階段を降り、千年前の土地に立ち、聖堂に入り祈っている。今からも階段は増え続けていくのだろうか。

林の奥にビザンティン美術館があった。

広い芝生の上に立つ赤レンガのどっしりとした建物だ。中にはビザンティン各皇帝の肖像画、衣類、装飾品、生活用品、イコン、などが次から次へと現れる。宝の山のような豊富な内容で職員の数も多いのに入場者はわたし達二人の他に中年女性が一人だけ。静まり返った館内で靴の音や話し声に気を遣う程だ。

ある部屋の正面の壁いっぱいに聖堂のアプシス（祭壇の場所）部分を大きく引き伸ばした写真が貼ってある。イタリアのラベンナにもルーマニア、ブルガリアにも見なかったもので、まさか、私が見たい絵のようでもある。

係の人に尋ねてみた。その人はよく分からないと言って館長を連れてきた。

「オシオス・ルーカス修道院のアプシスです」

「オシオス・ルーカス！」。この修道院がギリシャ中部の山岳地帯に今もひっそりと存在しているのは知っていた。この僧院を捜すのはギリシャでの目的の一つでもあったのだ。

わたしは震える手で、行き先などを書き込んだギリシャ全土の地図をバッグから出して館長に場所を尋ねた。出発前に私は山岳地帯を大まかに赤ペンで囲み「オシオス・ルーカスこの辺り？」と書き込んでいた地図だ。

エリコナス山中にあるという僧院までは「アテネから列車とタクシーに乗り継いで」とか「デルファーまで行って北に戻って」と、いつのまにか数人の職員達が行き方を考えてくれている。

中には「ワタシ、ヨコハマ、イキマシータ」という職員もいて、この若い職員は日本に旅して日本語も勉強したそうだ。

その後、南下を続けて、一週間後にわたし達は幻の聖地に立っていた。

タクシー運転手は細い山道を上ったり下ったり戻ったりしながら探してくれた。この辺りの山は終日燃えている大陽のもとで、凄まじい程乾燥していて、高い樹木はなく、見知らぬ雑草や花はドライフラワーのようだ。

聖堂のドアを開けると、黒く長い衣を腰ひもで結んだだけの僧が一人、黄ばんだ紙の入場券を売っている。

そして正面に……あの、テサロニキで見た写真の本物が見えた。

アプシス（祭壇）の上にある聖母子像やアーチ型に飾られた聖人のモザイク画が千年も守られていて、まっすぐの視線でわたし達を見据えている。やっと探し当てた。

静かな僧院だ。わたし達は山奥の贅沢な空気を独占していた。

ギリシャの裕福な家に生まれたオシオス・ルーカス（「ルカ伝」著者）は、医学で身を立てた人だが、不思議なことに医者が「処女受胎」を容認することに至ったのである。絵も得意だった彼は、絵画で布教して回ったと伝えられていて、ルーカスが医者と画家の守護聖人だという事は旅から帰ってから知った。

メテオラ

メテオラに着いた。広い一帯はギリシャ正教の聖地という事で隣町のカランバカに宿をとった。三階の部屋に入ってすぐ窓を開けた時は思わず息を飲んだ。町の中を宿探ししている時には見えなかった民家の奥の豪快、奇怪な岩山が目にとび込んできたのだ。

岩山の両端は垂直の崖、黒色や茶色っぽい岩肌が裾に向ってもつれ合いながら広がっていくのが、何だか巨大な生きもののように見える。

わたし達はここに三泊する事に決め、リュックをベッドの上に放り投げるとまた、外を眺めた。焼けつくような午後の太陽が岩山に反射して、じっと見ていると目の感覚が麻痺して大きな蜃気楼の中にいるようだ。

しばらくして気がついた。山頂の峰の一部に小さく赤い屋根が見える。修道院だ。あ、向うの崖の上にも。

下界との生活を断ち切って、ひたすら神との交信を求める……。初めてこの地に立った修道士は、およそ安らぎとは縁遠い、殺伐とした断崖の魔境を見比べ、何を考えて今からの住み家となる岩山の品定めをしたのだろうか。

僧院をめぐり歩いた。曲りくねった山道には次から次へと形を変えた岩山が現れる。岩の中腹の穴で瞑想している修道士などはどうやって垂直の崖を登ったのだろうか。

メテオラの僧院めぐりはまさに山登り。どこも百段以上の深い石段を登り降りる。征子さんは「山

メテオラ

の会」に入って体を鍛えているからさすがに足が早くて強い。

自分の身を削るように一段づつ階段を作っていったのは最近の事だそうで、縄ばしごが置いてあったり、網に入って滑車で巻き上げたり下げたりは今でもやるという。

メテオラとは「空中に吊り上げられた」という意味だそうだ。

精神が乱れ、気が触れる修道士もいると言う。祈りのあい間に絵の上手な修道士は壁に天国のフレスコ画を描き、別の聖堂には地獄が描かれている。岩盤の上で畑を耕し、秋にはぶどう酒を仕込み、衣服を繕い、大工の仕事もする。

尼僧の修道院もあった。二つの岩山の低い方に階段で上り、高い方の修道院との間に架かっている縄で編んだ橋を渡った時は風が吹き抜けてる中で、一瞬自分の体が宙に浮いてるような気がした。

アテネ

アテネに着いたのは、夕方だったのでパルテノン神殿詣では明日にしてひとまず夕食を済ませようと宿近くの角を曲ったら、道路いっぱいテーブルと椅子が埋まっていて、それが次の角まで続いている。オープンレストラン通りなのだ。

テーブルのすき間を歩いていると「田代さん！」と声がする。日本人男女四人のメンバーの一人の顔と名前を思い出した。「あ、中村さん！」

数日前、わたしはメテオラの、通路より一段低くなっているところで岩山スケッチをしていて、征子さんはその岩山頂上の修道院まで登りに行っている時だった。上の道路にバスが止まり、頭の上から「ココカラノ、ナガメガイイデス」というカタコト日本語が聞こえた時はびっくりした。ギリシャ人ガイドの声だった。向うもまさかこんなところに人がいるとは思わなかったそうで、東京のツァーメンバーも加わってお互い興奮気味に上と下とで話をしていた時、「ちなみにボクは中村です」と会話している人の間から突然頭を出して名乗ったので、皆、ドッと笑い、私も笑いながら名乗った。バスが去った後に、クラスに一人はあんな男の子がいたなーと中学の同級生のことを思い出したから名前を覚えていたのだ。

彼等の今日の日程は午後自由ということで早めの夕食をとっているのだと言う。

「ギリシャは何でも安いですねぇ」と言いながらわたし達にオレンジジュースをごちそうしてくれた。明日は日本に帰るそうで「ストに遭わなくて良かった」と言っている。何のことか尋ねると、パルテノン神殿などの公共機関は明日から四日間のストに入るそうだ、ガイドが言ったからまちがいないと。予定を変えなくちゃ。ツァー旅行は情報が豊富だ。あとでホテルに帰ってフロントにストの事を聴いても知らなかった。

彼等にもう一つ情報をもらった。

ギリシャの民族舞踊を見たかったので場所を教えてもらった。「大きな木を目印にして曲がるんですよ」「角は右、左、右、の順に三つ」。

陽気な人達と別れて暗くなる前に旅行代理店を探した。アテネの歴史的建造物めぐりに疲れたらエーゲ海のどこかの島でひと休みしようと考えていたのが、バカンスの方を先にする事になりそうだ。

ホテルのある先の道路には小さな旅行代理店がいくつも店を構えていて、そのうちの一つに入ってみる。ギリシャには数えきれない程の島がある。エーゲ海の宝石だとか、真珠だとか宣伝したポスターが小さな店の壁にびっしりと貼られていて、どの島もとてもきれいだ。

サントリーニ島

サントリーニ島へ行くピレウス港は船と人でごった返していた。ギリシャに入ってこんなに多くの人を見たのははじめてだ。旅行代理店の多さ、仕事の早さ、ギリシャ経済は島の観光に拠るところが大きいのではないだろうか。

高速艇はいくつもの島の間を飛ぶように走り、四時間ほど過ぎたころ「まもなくサントリーニです」の声を聞いた。大きな島のようだ。この季節にして雪？　と見えたものが、近づいてみると島の上部には白い家並みがすき間なく続いているのだった。

ホテルは三階建ての小さくて新しい建物、この旅はじめてのクーラー付きの部屋だ。部屋の壁も外壁も平たい屋根もすべて白く塗られ、朝食用のテーブルと椅子と窓枠、ドア枠の色がお揃いのマリンブルーで塗られていてかわいくてきれい。

レストランやカフェのテラス席に座ると、ギリシャ正教特有の円くて水色の屋根が見える。ここは青と白の世界だ。

島の頂上の綾線がこの島唯一の車道になっていて、ほとんどの民家、商店、レストラン、ホテル等は斜面にはりついていて、どこに行くにも迷路のような細い石段を上ったり降りたりする。どこかの狭い階段を上ってみると宝石店が並んでる所に出た。ギリシャにこんなに洗練された店舗があるとは思わなかった。しかも、エアコン付き。

昨日までは店の入口のドアに仰々しく「冷房付き」と書かれた貼り紙を見つけると、わたし達二人は顔を見合わせ、同時に「冷房付き！」と声を出してドアのガラス越しに中を覗いたものだ。

サントリーニ島にて

サントリーニの装飾品は動物や海の中の生きもの、ギリシャ神話などをテーマに作られていて楽しい。ショーウィンドウにたつのおとしごをデザインしたピアスが飾ってあるので入ってみた。わたしの干支はたつ年、耳に着けてみて気に入ったので値段の交渉を始めた時、店員がどこからか日本人女性を連れてきた。ゆかりさん、というきれいな人。目の大きい、長い髪をカールさせたふくよかな中年女性は近くの姉妹店で働いているそうだ。この店にはもう一人女性がいる。オペラ歌手のマリア・カラスや女優のイレーネ・パパスに似た、きりっとした黒いまゆ毛に憂いを含んだ黒い瞳、こんな女に見つめられたら男の人は息が止まるのではないかと思う程のギリシャ美人だ。描かせてもらいたかったが、チャンスがなかった。

時間は充分あるのでゆかりさんと話しながら少しずつ安くしてもらい、さっそく耳に着けた。征子さんはラピスラズリのネックレスを買った。

ゆかりさんの退社時間に合わせて三人でタベルナに出かけた。タベルナとレストランとの違いは、テーブルカバーが紙ならばタベルナ、布ならばレストランと聞いたことがあるが、看板にレストランとあっても、入ってみると紙のテーブルカバーが多かった。

ゆかりさんは日本人と話せるのが嬉しい、と言う。この島にも日本人団体が来るけど、自分が日本人だと分ると皆スーッと引いていく、と不満を漏らしている。それでわたし達の前に現れた時は不安気な表情だったのだ。

なぜギリシャの島に一人住んでいるのか、いつの間にかこうなったと言い、高校を卒業してからの半生を息も切らずに話し続けた。

「第一、ギリシャって国、とっくに消滅してると思ってたのよ」には驚いた。

わたし達世代はパルテノン神殿とミロのヴィーナスには夢を大きくふくらませたものだ。確かに旅を続けてるうちに古代ギリシャのままひっそりと息を潜めていたと思われるふしもあったが。

魚のスープの味がいい、という事から料理や音楽がトルコと似ている話をすると「消滅」とまで言った彼女が「だってトルコは昔、ギリシャだったのよ」とまるでギリシャ人のように強い口調で言う。イスタンブールに住んでる日本人の「だってギリシャは昔、トルコだったんですよ」を思い出した。陸続きヨーロッパの人々の歴史観は感心する程しつこい、と思っていたが旅を続けるうちに、わたし達は過去を消すことを「近代化」と勘違いしているのではないか、と思うようになった。

ゆかりさんは最後に「ここで結婚相手が見つかるといいんですけど」と言ってにっこりした。結婚してスーパーに足を運んで子供を生んで、おしめを替えて、という日常の生の現実が、この抽象性の強い島ではどうしても想像出来ない。

アテネに戻って落ちつかなかった。持ってきた六冊のスケッチブッグの画用紙がなくなりかけていて、サントリーニ島で文具店を探しあてたのに、ノートみたいな画用紙しか売ってなかったのだ。

プラカ地区のタベルナ通りには路上にテーブルと椅子がところ狭しと置かれていて、そのあい間にタトゥ（入れ墨）屋や似顔絵描きの男達が客待ち顔で座っている。

わたし達が決めたテーブルの横には、わたしの身長ほどの高さの大きな扇風機が音を立てて回っている。八時過ぎても大陽の熱は容赦ない。

メニューの表に書かれているこの店の名前が「レストラン・ビザンティーノ」と知って、ビザンティンの旅を続けているわたし達は顔を見合わせた。

今夜はスタッフド・トマトとムール貝のフライ、それにドルマチェを注文した。スタッフド・トマトはトマトの中をくり抜き、ごはんなどを詰め込んで煮つめたもの、ドルマチェはロールドキャベツのキャベツをぶどうの葉に換えたようなものだ。なにしろここはレストラン・ビザンチーノ、おいしくなくちゃ、などと言い合っていたら、本当においしかった。この店にはその後三度行った。

食事を終えた後、路上で絵を売っていた人が教えてくれた画廊に行き、画材専門店の場所を尋ねると、店の名前から行き方、バス停まで教えてくれた。

画材店

次の日、わたし達は早く起きた。まずお金を両替して画材店に行き、そのあと考古学博物館の開館時間に間にあわせるのだ。

ギリシャでは銀行も両替屋もレートはあまり変わらないので早くから開ける両替屋に行った。一万円両替すれば三万ドラクマのお金に換えられ、三日程の滞在費になる。

ドラクマという通貨は「ひとつかみ」という意味だそうで紀元前七世紀に誕生（！）した時は銀貨だったそうだ。世界で最も長く使われている通貨だ。

両替して受け取った一万ドラクマ札を見て苦笑した。お札にボールペンで書かれた名前のような落書きを見たのだ。サントリーニのゆかりさんが「一万ドラクマ札には自分の名前を書いてた方が良いわよ」と言っていた。彼女が買物をして一万ドラクマ札を出した時、五千ドラクマ札分のおつりしかくれなかった経験から証拠に名前を書くようになったそうだ。その日からわたしも教わった通り一万ドラクマ札にはボールペンで自分の名前を入れることにした。田代、と小さく書かれた数枚のドラクマ札は今ごろギリシャのどの辺りを巡っているだろうか。

アマリアス通りからバスに乗ると、向かいの座席の中年女性が「ここはアテネ大学」「ここは国立図書館」と説明してくれる。ギリシャ一の文化の殿堂は樹木の奥に白い建物がちらりと見えた。彼女が言う通りに下車して少し歩くと画材店はあった。店を開けたばかりの様子で入口付近に油絵用のキャンバス枠などを運び出している。

狭い店の中は商品の置き方にまとまりがなく、商品の上に別の商品を不安定に載せ重ねている。私が使っているイタリア製のスケッチブックが五冊立てかけてあり、そのうち二冊をわたしが、一冊を征子さんが取り出し、コーティングのビニール全体に付いている埃を二人同時に払った。心なしか透明ビニールが黄ばんでいるような気もする。レジにいる若い女性に持っていくと「ちょっと待ってください」と奥へ引っ込み、まもなく出てきて「値段はこれなんですけど」と不安気な様子でメモ用紙に書いてある金額を見せた。一冊約一〇〇〇円、日本では二五〇〇円(二〇〇一年当時)のものだ。一体、輸入税というものはどうなっているのか、同じ品物が日本の半額以下の値段だ。わたし達は気持ちよく「はい」と答えた。

絵の具も買い足した。イタリアやイギリス、オランダ製の輸入ものばかりで、この国は油えのぐや水彩えのぐ、専門家用の画用紙なども作っていないようだ。

ギリシャで絵を描く人は少ないのだろう。スペイン・トレドに名画を残した画家の「エル・グレコ」は生まれも育ちもギリシャなのだが。

絵の具が並んでいる棚を見ていると、「あのー」と後ろから声がする。見るとこの店のオーナーらしい年配の女性が笑顔で両手にお盆を持って立っている。お盆の上には水の入ったコップ二つと小さいドーナツ菓子が深鉢に入っている。冷えた水も、甘みの濃いドーナツも真夏の旅先での身にはとても美味しく、いい思い出になった。

シュリーマン

ギリシャは神話の国だ。天空を支配するゼウスは浮気男。暴力的なポセイドン、悲劇のオイディプス、約束を破ったパンドラ……神サマたちは喜怒哀楽を合わせ持ち、まさに人間ドラマを展開するのがギリシャ神話である。

それも「あるところに」ではなくて具体的な場所がギリシャ各地にあることからこれは「おはなし」ではなく、現実に存在した歴史なのだ、と信じて疑わなかった人がいた。

ドイツの貿易商ハインリヒ・シュリーマンは子供のころ読んだギリシャ神話の里を全財産を投げ打って掘り返し、遺跡を発見して、いくつかの神話が人間の事実であったことを証明した。

アテネでのある日、「ペロポネソス半島日帰りツアー」に参加してシュリーマンの足あとやコリントス運河を見に行くことにした。

観光バスにはいろいろな国からの観光客が三十人程乗っていたが、最後に乗り込んできたガイドの女性には驚いた。まるで私が持ってる西洋人形とそっくりのだんだらレース付きの足首までのワンピースにバレリーナが履くトウシューズ、花のついたフェルト帽を被った八十歳。石ころだらけの荒れた遺跡を軽々と先を歩く。

シュリーマンが探し当てたミケーネ遺跡は見渡す限り荒れた大地の一角にあり、ここでアガメムノンが神サマではなく人間の王だったことも証明した。

出土したアガメムノンの黄金のマスクはアテネ考古学博物館の一番の宝で、数日前にわたし達はこちらの方を見ている。土や石の重みで潰されて出てきた黄金のマスクは、深い襞だらけのままピカピカに磨かれているのが怖かったが。

「オリンポス」の山々を眺め「アポロン」の聖地や「ダフネ修道院を訪ね、「アテネ通り」を歩いてわたし達のホテル「アフロディテ」に帰り着く……ギリシャの旅は神々のはしごをしてるみたいだ。

イドラ島

わたし達はまた、近くの島へ息抜きに出かけた。

車とバイクの乗り入れ禁止の、小さなイドラ島へ二泊三日のシェスタの旅だ。

船の出るゼア港も小さな港、連絡船が一隻だけ停泊している。チケット売り場に向かうと十人ばかりの観光客らしい人達が不安気な表情で立っている。窓口に行くと、「風が強いから欠航です」と言う。この程度の風で……わたし達も呆然としていると、同じくイドラ島へ行くという若いイギリス人男性が窓口の人に何かを尋ねたあと、わたし達に教えてくれた。

「あの連絡船はポロス島まで行くそうです。そこへ行ってイドラ島行きの別の船に乗り換えればいいでしょう」

わたし達は彼のあとについて船に乗った。船は三時間程揺れながら満席の客をポロス島に運んでくれた。降りるときにイギリス人の彼が女性と一緒にいるのを見て「カップルだったのね」とおばさんチェックもおこたらない。

船の案内所を見つけると、イドラ島行き、三時、というのがあった。

「出ますか?」「はい!」と明快な声で答えてくれたのでそれまで三時間のポロス島探検にくり出した。

港に面してずらりとテントを張ったカフェニオンが並んでいる。カフェニオンの間から段差の巾のある階段を上ると、今度はずらりとみやげもの店が並んでいる。その先に民宿の看板もある。二十分で島の様子は大体分った。次にお店を一軒づつ覗いてみることにした。装飾品のお店に入ると若い店員が「コニチワ」と挨拶して観光客の様子など話してくれた。日本人は毎日大型客船からドッと降りてきて一時間後にドッと船に戻るそうだ。「ニホンジン、ハル、ナツ、アキ、フユ、キマス」きっとツアーの島めぐりクルーズにこのポロス島も入っているのだ。冬の島々の寒さは相当厳しいらしいが。まだ、時間がある。階段を降りてカフェニオンでサンドイッチをほおばりながら港を眺めていると、例のイギリス人の彼女が沈んだ姿で砂浜を一人歩いている。

「きっと別れたのよ」。おばさん達のトーンが上る。

そこへ白い大きな客船が停まり、いろいろな国の観光客に混って大勢の日本人の姿が見える。先ほどの店員が言っていた「一時間」のグループだろうか。

最初にガイドと思われる女性が降りるやいなや大きな紙を両手で持ち上げてスペイン語で大声をはり上げている。紙には２：５０と書かれている。二時五十分集合。スペイン人達はガイドの言葉や紙に目もくれずに勝手に散っていく。ガイドの声はかなり疲れ切ったしゃがれ声だ。もう一人のガイドも同じ事をしている。イタリア語のようだ。ここまでしないと観光客はまとまらないのだろうか。

日本人は静かに降りてくる。ガイドがどの人か分からない。きっと船が着く前にこの島の事や集合時間の説明を皆、頭に入れているのだ。

その中の二人と少し立ち話をした。父親と娘。十日の休みがとれたので大学生の娘さんを誘って旅をしている。二人共、楽しくてたまらない様子だ。十日間のギリシャの旅に参加して、「今日の一日クルーズはここポロス島のあとイドラ島を回ってー」

「あら！　わたし達も今からイドラ島なんですよ」

二時五十分の集合だから早めに船に戻るという二人と別れてわたし達も三時の船のチケットを買いに行った。売り場の人は平気な顔で、「風が強いから出ません」と言う。さっきは「出ます！」と言い切ったばかりじゃない。

わたし達は同時に自分の腕時計を見て、二時四十分を確認すると、同時に「行こ！」と売り場をとび出した。

まだ間に合う、白い豪華客船に人が上っていくのが見える。

走りながら考えた。乗船代を一体誰に払うのか、このまま乗り込んでも二人ぐらい分らないかも。見つかったらその時払うつもりでいてもやはりうしろめたい気持ちで外国人の観光客に紛れ込んでタラップを上った。

それでも彼等は皆、小さなショルダーバッグ姿の軽装、わたし達は三日間のリュック姿である事に気がついて、上ったままデッキから動けなかった。

右の部屋には多くの観光客がそれぞれの椅子に座っているのが見え、奥の方には日本人の顔や帽子姿も見える。

「あっちに入ったらバレるよね」

左の部屋にはドア越しに高級そうな丸テーブルと椅子が見え、人のいる気配はない。

本当にこの船は今からイドラ島へ行くのだろうか、あの親子の言葉にまちがいはないだろうか、まだタラップが架けられていて今なら降りることも出来る。

目の前の機械室の扉が半分開いて、作業服を着た二人の男性が道具を手にネジを締めたりしている姿が見える。手前の人に尋ねてみた。

「イドラ島には何時に着きますか?」「一時間後」……!わたしにしては上等の質問をしたものだ。

二人で左のドアをそっと開けて入ってみた。

広い客間だ。片側にカウンターがあって、二人のウェイターが愛想良く挨拶してくれた時は、神経が少し柔らかくなった。

わたし達はクッションの良い皮張りの椅子にゆったりと腰をかけ、ゆっくりとオレンジジュースを注文した。

気がつくと船は大海原の中、遠くにいくつかの島が飛ぶように消えていく。

三人の日本人女性が入ってきた時にはドキッとしながらも笑顔で挨拶を交わすと、彼女達もジュースを注文し旅してきたエジプトの話をしている。エジプト・ギリシャのツアーに参加して今日、ギリシャに来たばかりだと言う。同じ日本人でも先ほどの父と娘のグループだけではないようだ。

船のスピーカーからギリシャ語、イタリア語、スペイン語、最後に日本語でそれぞれの国のガイドが寄港地、イドラ島の大まかな案内をしている。日本人のガイドの「正面の時計台の先に博物館があります」を聞いて大きな島なんだ、と思い、博物館に行くつもりでいたのに島での三日間、思い出すことはなかった。

「まもなくイドラ島に着きます」の声を聞いて、わたし達は秘密のいたずらでもした顔つきで目くばせをして早めにデッキに並んだ。船はゆっくり島を半周すると山一面赤い屋根の民家のまん中にすべり込んだ。

わたし達は胸の動悸を押さえて何くわぬ顔で船を降りきると、「くくっ」と声を出して喜び合った。

下船してわれに戻ると目の前に十頭ばかりの馬がいる。先の方にも、後ろにも多くの馬がいる。港にタクシー代わりの馬、という見慣れない光景に驚いていると、そのうちの一頭が突然目の前で「ドドーッ」と音を立てて石畳に倒れた。男達が手綱を引っぱり上げながら大声で罵声をあげて叱りつけている。馬は自力で立ち上がった。

島のいたる所で木材を乗せている馬や子供をろばに乗せて両親が歩いている姿を見た。

島中の道路はすべて石畳でその石の一つ一つの表面が長年の間に、まるで磨き上げたかのようにまんまるくなっている。わたし達も滞在中に何度も片足がつるん、となった。日が落ちて月明りに照らされた石畳は大きなビー玉がきらきらととび散っているようだ。

わたし達のホテルは港から坂を登り切ったところにあった。客室は五つほどの小ぎれいで感じのいい家族経営の宿だ。宿泊代には朝食が含まれていて、その厨房には奥さんやおばあちゃんを見かけ、フロントにはご主人や娘さんがいる。

朝食は中庭でする。中庭にはレンガが敷かれ、二本の樹木の下に木製のテーブルやベンチが置かれていて奥には井戸がある。ここはギリシャで一番気に入った宿だった。

ギリシャの人々は食事は庭でするもの、と決まってるかのようだ。

どんなに狭い庭でも折りたたみテーブルが置ける場所さえあれば、すぐ横の道路を人や車が行き来していても庭で食事をしている夫婦や家族をあちこちで見てきた。メテオラの岩山の修道院でさえ、煮炊きする立派な厨房があるのに壁も天井もないベランダで食事する様になっていて、ふと、修道士は皆ギリシャ人なのか、などと思ったほどだ。

そう言えば一ヶ月の間、一度も雨に合わなかった。

バルの中で、パリから来て一ヶ月のバカンスをこの島で過している、という家族と出会った。人形のように可愛い二人の女の子と両親も皆、水着姿でサンドイッチを食べている。

それにしてもヨーロッパ観光客のバカンスに対する意気込みといったら……水着というより下着に近い姿で島を闊歩していたり、ボッティッチェリの絵さながら透け方もハンパないうす布だけを巻いていたりして、島のおじさん、おばさん達は、道路脇に置いた椅子に座ってどこまでも目で追っている。

でも帰りの船の中では皆、普通の夏服に替えていた。

島には弓形に曲った港を囲むように商店やカフェニオンが並び、山に向って階段状に赤屋根、白壁が連なっている。かわいくてきれいな島だ。海運業で富を築いたアリストール・オナシスもこの島を気に入っていて、彼の豪華ヨットはいつも「そこ」に停っていた、と店の人が指さしていた。

おみやげには羊の頭のついた指輪を、と約束していたものが店のショーウィンドウに飾られている。やっと見つけた。二万ドラクマ（約六〇〇〇円）だそうだ……いくらまで下げられるのだろう。

まじめそうな中年の女性店員は、そう簡単には折れないような顔をしている。

日本語で「では始めましょうか」と値下げ戦開始の挨拶をしてガッツポーズをすると彼女はくくっと笑って「ＯＫ!!」と答えた。

「一万ドラクマ（約三〇〇〇円）」

「ノッノーッこれはダレソレデザイナーのものですよ」と言いながら古い大きめの計算器をたたき、わたしの方へ向けた。見ると五七〇〇円に下がっている。わたしも、「これ、わたしのじゃないのよ、おみやげなんだから」と言いながらその数字を三五〇〇円に押し直して彼女の方へ向けると彼女は笑い出して、「あなたは強い、わたしも強いから負けません！」と握手を求められた。力強い手だった。二人共、笑顔で適当な理由づけをしながら交渉の後に「ＯＫ‼」と決まった値段は四〇〇〇円だった。

今日の買い物ゲームはどちらの勝ちか、彼女はていねいにリボンまで付けてくれて、また握手をした。

前の日に決めていたスケッチポイントに来た。左端に切り立った崖、右端には一軒の低い赤い屋根の民家、その向こうにはどこまでも広がっているエーゲ海と空、を描く。

港周辺と違って泳ぎに行く人がわたしの横を通り過ぎると、あとは波の音だけが聴こえる。静かだ。そろそろシェスタの時間かな、と思っていると突然後方から大勢の人の走ってくる音が聞こえた。何が起きたのか、ふり向くと逆光を受けて黒っぽい集団がこっちへ走って来る。

日本の男たちだ！　向うもわたしに気がついたのか、日本語で「海水浴場はどっちですかー？」と走りながら聞いてくる。とっさにきのうの船の人達を思い出し、岩場の方をゆび指しながら大声で、「こっちでーす！」

彼等は走りながら「ありがとーっ！」とわたしの横をすり抜けて行った。六人の足音のドドドという音が小さくなっていく。

一瞬の出来事だった。

見知らぬ他人に、ものを尋ねるにしては礼儀を知らない人達だとか、何も知らない外国の島でたった一つ知っていた海水浴場への道を教えてあげられた喜びとか、大型客船にタダ乗りしてしまった後ろめたさなどの感情がその一瞬に凝縮して、彼等はきっと島めぐりクルーズの短い時間の間にガイド

鐘塔

から聞いた地理に従って、泳ぎ、市場を見学、カフェニオンでギリシャコーヒーかワインを飲み、時間通りに船に戻る事を知っている私は、彼らの走る後ろ姿を見ながら、ガンバレ日本の男たち、と心で応援していた。

イスタンブール

一ヶ月のギリシャの旅を終えて、またイスタンブールに戻ってきた。フロントの人から「お帰りなさい」「旅はどうでした?」と挨拶をされるのは嬉しい。この「タシュコナック」という名のホテルはブルーモスク裏の坂道を下り、曲った一角にあり、そのまま坂を降りていくと目のさめるようなマルマラ海に出る。

客室が十室程のホテルだからテラスでの朝食には宿泊客が顔を合わせ、会釈を交わすこともある。朝食はバイキング式、トルコ料理というよりヨーロッパ料理に近い。

「街であなたを見かけた」と英語で話しかけてきた二人のロシア人女性は二泊するといなくなった。友達だという彼女たちは二人共頬の肉がぽったりとついていて、よく笑い人なつっこい。たくましく肥っている、あの典型的なロシア中年女性の予備軍といった感じだった。

別の日にテラスで隣り合わせになって話をする事になったイラン人一家は両親と娘。背広姿のお父さんはテヘラン大学教授、チャドルを被ったお母さんは小学校教師、娘さんはいつも白いブラウスにすらりと伸びたスラックス姿、長い黒髪をうしろでまとめ、黒い眉毛とまつ毛の豊かなイラン美人、彼女はニューヨークで医者をしている。久しぶりに親子でイスタンブール・バカンスを楽しみ、今日また別々の国へ戻っていくと言う。

ビザンティンの教会跡

わたしは外出から戻るとフロントの奥の中庭に置かれている椅子に腰かける。この小さな庭が好きだ。赤レンガが敷かれているが、庭の左側は古い崩れかけた崖や石壁がそのまま放置されていて、それをとりまくジャングルのような鬱蒼と繁り伸びるにまかせた樹木とは不思議に調和している。真夏のイスタンブールの喧騒《けんそう》からこの庭に一歩踏み込むだけで気が安まる。

明日、日本へ帰るという日の午後、まだ夕食には少し時間があるので中庭に入ってみると、結婚式を終えたカップルがウェディングドレス姿のままジュースを飲み、フロント係の緑色の目をした男性とはしゃいでいる。友達だそうだ。

わたしもたわむれに二人の姿を描いた。フロント係が絵を見ながら新郎の少し薄い髪を「多すぎる」と言い、わたしは「せめてものお祝い」などと言って皆で笑った。二人の背景にあの古い石壁を描き込んで二人にあげたあと、ふと彼に尋ねてみた。

「この場所は以前何かだったのですか」

「ビザンティン時代の教会の跡です」

……思いがけない言葉に鳥肌が総立ちする感触を覚えた。

彼は、雷に撃たれたように言葉の出ないわたしを左側の崖の手前まで案内してくれると、「ここはビザンティン初期の教会外壁の部分です。研究者が時々来るのでどの壁にも手を加えられないのです」

わたしは震える手でそっと触ってみた。カサッとして痛い。石も一五〇〇年風雨に曝されると艶も水分もなくなるのだ。中心ラインは素焼きレンガで飾られていたらしく、往時は赤色だったような色の名残りを感じた。

教会の裏山には、それから千年後にブルーモスクが建てられたのだった。

わたしにとって謎を秘めたこの中庭、ビザンティンの旅を終えようとする時に何という偶然なんだろう。象徴的ともいえる出来事にわたしはただ棒立ちになって佇んていた。

キューバ　ハバナへ　二〇〇七年

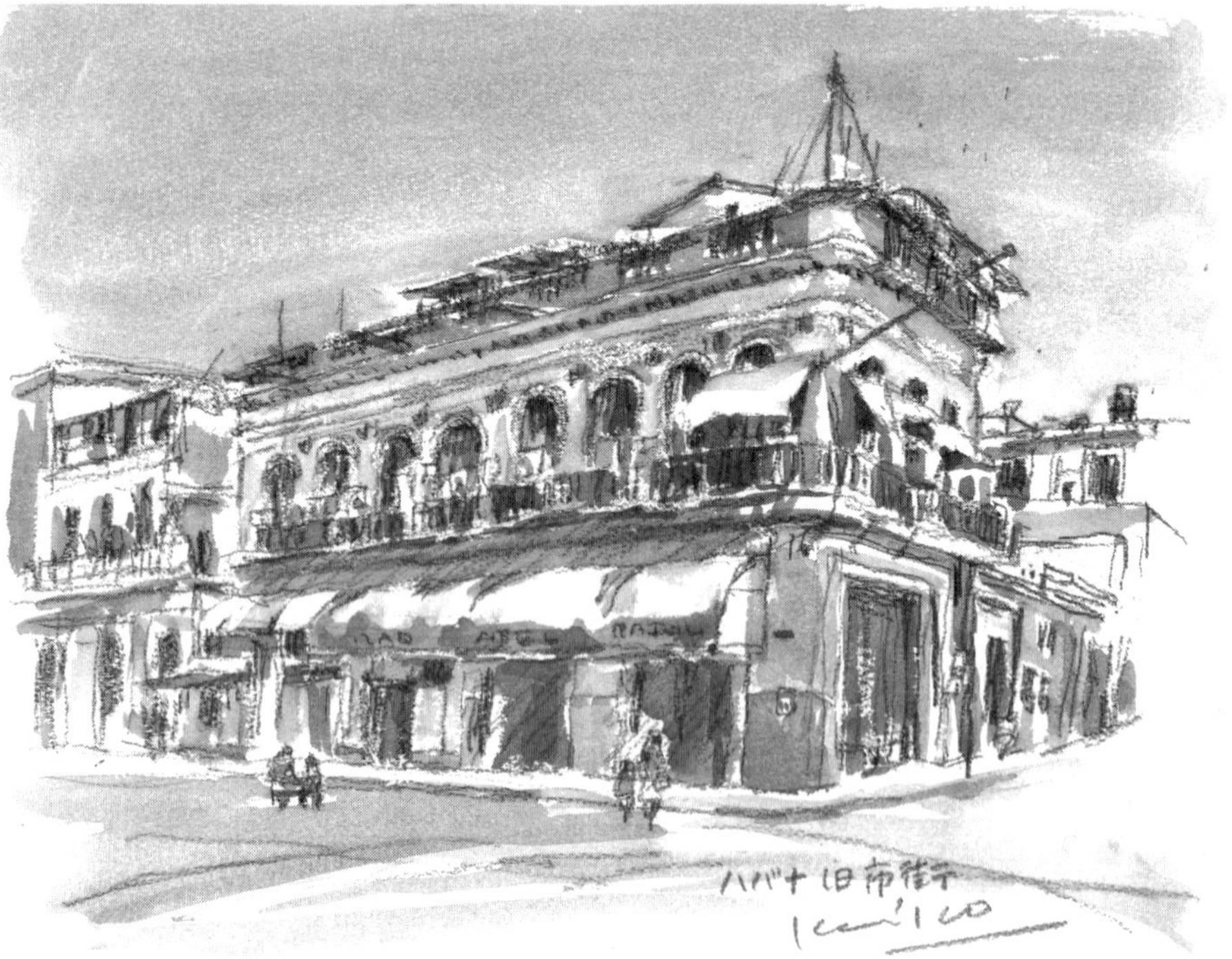

ハバナ旧市街

ずっとキューバに行きたかった。

普段はあまり情報のないこの国のニュースが時々新聞で報道されるようになった。フィデル・カストロが病気、回復、手術、回復、等々と、新聞記事には八十過ぎの革命家の健康の動静を窺っては、制裁とか経済封鎖などの文字が病名の横に並んでいる。

私もその都度、死ぬのか？　何か始まるのか？　と反応していた。

そんなある日、「ブエナ・ビスタ・ソシアル・クラブ」という老人ばかりのキューバ音楽の映画を見た（プロデュース、ライ・クーダー／監督、ヴェム・ヴェンダース）。

音楽はこんなにも伸び伸びと豊かに出来ていくのか。それをドキュメンタリーにしてハバナの街並みをバックに、音楽家の生き様を撮った映画を見て、何か、わけのわからない衝撃を受けた。

今のうちに行っとかないと……。

友達を誘ったが、二ヶ月は無理、という事で一緒に行ってくれる人はなかった。

ひとまず奥の棚からリュックを降ろしてみた。頑丈なリュックを眺めているうちに旅の計画が始まった。

ハバナ

日本からの直行便はなく、近くのメキシコ経由で入国した。

ハバナのホセ・マルティン空港では、楽器を担いでいる多くの人たちと一緒に入国審査の列に並んだ。どんな国も、この審査で安全を守らなければならないのは分かるが、ひたすら興味を持って訪れる善良な人にとっては苦痛の時間だ。

ハバナの入国審査はどちらかと言えばコミカルなものだった。

女性係官は私のパスポート写真を見て「上を見てください」と言った。私が顔を上げて天井を見ると係官は私のあごの下をじっと見ながらパスポートの写真と比べている。次に「下を向いてください」と言われて私が自分の足元を見ると、彼女は私の頭のテッペンをじっと見て、またパスポートと比べている。パスポートには正面の写真しかないのに何を見比べているのだろうか、この調子で「左を向いて」「右を向いて」が続いた。「ＯＫ」で通過して後ろをふり向くと、ヨーロッパ人観光客の、髪の毛の少ない男性も下を向かされていた。

ロビーに出た時、一瞬、目がくらんだ。広い総ガラスの窓から眩しい陽光がさし込んでいて黄金色の中にいる。リズミカルな音楽が大きな音量で流れている。

まず、今夜の宿を探さなければならない。バスはあるのだろうか、インフォメーションはどこか、とうろうろしていると、黒人の細長い男性が「ホテルか？」と聞きながら飛ぶように近づいてきた。別方面からも似た様な男達が軽いテンポで寄って来た。

調子のいい人達は皆、ホテルの客引きだった。そうだ、ここは社会主義の国、観光業も国営だから皆、国家公務員なのだ。彼等はいくつかのホテルを皆で分担しているのではないか、だから私がその中の女性斡旋者を選んでも何のリスクも負わずに、サンバのリズムで次の客に近づいて行くのだ。

ひとまずハバナの中でも一番の高層ホテル「ハバナ・リブレ」に決めた。私は高い所が好きだ。屋上からハバナ湾が一望出来るのではないかと思ったのだ。

ホテルに着いて部屋の窓を開けて一息つくと、屋上探検にくり出した。エレベーターは最上階が二十五階となっているのでその廊下を歩いてみた。この階には客室はなく企画や代理店などの事務所になっているようで、各部屋のドアいっぱいに大きく企業名などがアクリル板に挟まれて表示されている。ドアに「読売新聞」というのを見つけた。それも漢字で！　ドアをノックしてみたが何の返事もない。隣のドアが開いて男性が「その部屋はずっと前から空いていますよ」と教えてくれた。

その部屋については、旅が終わって半年程過ぎたころ、朝日新聞がハバナに支局を置いたという記事を見て、あのホテルの二十五階のあの部屋で仕事をするのだと想像し、支局の人は暗い廊下を歩き、部屋に入ったとたん、窓越しに別世界の広い空とカリブの青い海を見ているだろうかと心が騒いだ。

この最上階をさらに散策して、登り階段を見つけた。上って重たいドアを開いてみると空に出た。屋上だったのだ。屋上には手摺もなく、長い間放置されたままのようなコンクリートの床はボコボコと剥がれ、土や水が溜まっている。他のビルはずっと低いので、まるで空中にいるようだ。広い空と三日月形の美しいハバナ湾のすべてが私だけのためにあるのを、しばらく楽しんだ。

レイコさん

観光客に向けてツアー案内所名などのポスターがずらりと貼られている壁の中に「REIKO TOUR」という広告を見つけた。レイコ旅行社。私の姉の名前は怜子だ。まさか日本人女性の会社なのか、とその広告に書いてある電話番号にかけてみた。

やはり日本人女性がハバナで旅行代理店を経営しているのだった。

ハバナ湾

この国のホテル探しは今まで旅してきた国とは異なり、ホテルで直接談判するのではなく代理店を通すのだと分かり、もっと安いホテルを探していることを日本語だけで話し、良い条件でホテルを変えることが出来た。

数日後、彼女の家でランチをごちそうになった。

家は事務所も兼ねていて、車で迎えに来てくれた若い日本人女性はセリア富永と言い、ハバナ大学の五年生、「レイコ・ツアー」でバイトをしているのだと自己紹介をした。キューバはすべての学校、大学までキューバ人も外国人も学費は無料だそうだ。車はもう一人の社員、キューバ人女性ビビアナのもので韓国車だそうだ。

レイコさんは五十歳程の小柄な日本人女性だ。

料理の準備中にビビアナと私は中庭のぶどう棚の下で少しおしゃべりをする事になった。彼女の父親は歯科医で、医療器具を買い付けに日本に行った時、まだ少女だった彼女もついて行ったそうで、日本には親近感があり、今、日本人向けのこの仕事をしている、とカタコトの日本語も交えて話した。

なぜ医師を継がなかったのか尋ねると、仕事は自由に選びたいと言う。医師も国家公務員だが、仕事の内容に応じて給料の違いがあるそうだ。キューバの学費や病院代が無料ということと人の命とがどう関係しているかは分からないが、アメリカ大陸（北米、中米、南米）で一番の長寿国だそうだ。

食卓を囲んだのはレイコ、ビビアナ、セリア、それにスルタンという名の大きな雄犬を連れて入ってきたレイコのご主人、キューバ人だ。同じキューバ人でもご主人は街で多く見かけるアフリカ系、ビビアナはスペイン系の顔をしている。

料理は出て来た順番にグァバジュース、野菜スープ（おいしかった！）、ごはんにコングリ（ベーコンと小豆を煮たもの）をかけたコングリライス、バナナスライスのから揚げ、骨付き鶏の煮もの、トマトサラダ、エスプレッソコーヒーと、キューバの代表的メニューがテーブルいっぱい並んだ。コングリライスは日本のお赤飯に似ていて、テーブルの中央に置いてある山盛りのフランスパン以外は、和風な食卓だった。

スルタンはずっと床に寝そべって耳だけをピクつかせて本気で皆の話を聞いている、おりこうな犬だ。見知らぬ国で、まさかの日本人と出会い、日本語で話しながら食事をするなんて運のいい最高のランチだった。

女性のお尻

ハバナでの二つ目のホテルはこじんまりとしたコロニアル風ホテル。門を入ると中庭（パティオ）になっていて、その回りが回廊になっているのが気に入り、オビスポ通りも近いので一週間滞在することにした。

旧市街でも東側のこの辺りはスペイン植民地時代の建物が多く残っていて今も使われている。隣の学校も近くの博物館も石造りの三階建て、入口の飾り門から奥を見るとパティオになっていて、噴水を囲んで南国の樹木や赤いゼラニウムの花が見える。スペイン、アンダルシアみたいだ。

細長いオビスポ通りを歩いた。石畳も植民地時代のもので、狭く歩きにくいがまるで映画「ブエナ・ビスタ・ソシアル・クラブ」の中にいるようだ。道の両側にはレストランやカフェ、本屋、CD屋が並び、店先や木陰からはライブ演奏や一人で練習しているギタリストが次々と変わる。その都度、立ち止まって演奏を聴くわけでもないのに、自分の足が知らず知らずのうちにリズムを受け入れて歩いている。

二階のテラスからボブ・マーリーの大きなポスターがぶら下がっている。ジャマイカのレゲエミュージシャンだ。古本屋にはヘミングウェイの釣りの様子やチェ・ゲバラのへっぴり腰とでもいうか、苦手そうなゴルフショット姿などの写真集が山積みされている。

歩いている人は、ヨーロッパからの観光客もいるが、私にはキューバ人を見るのが新鮮だった。肌の色だけでなく、特に女性の体の形がなぜあんな形をしているのか、アジアの人ともヨーロッパの人とも全く違い、肩巾やウエストが細いのにバストがボン！ボン！と飛び出していて、お尻もドーンと後ろに飛び出している。とても分かりやすい。

案の定、鼻の下を長くした白人男が、若いキューバ娘の腰に手を回して歩いている姿を何度も見た。

レストランで食事をした時のことだ。

隣のテーブルの四人家族が食事を終えて立ち上がった。お父さんはレジの方へ行った。お母さんは左腕に赤ん坊を抱き、右腕には荷物を提げていた。五歳くらいの男の子はお母さんの両手が塞がっているために手をつなぐ事が出来ない。こんな時、日本でよく見かける光景は子供がお母さんの上着かスカートを握って安心するものだが、その子はなんの悩みもなく、いつもそうしているかのように、お母さんのお尻の上に手のひらを乗せて店を出て行ったのだ。

お尻は棚か？　子供にとっては安心の場所なのだ。

アメ車

泊まっているホテルにダニエルという名前のレストランのウェイターがいる。

このホテルには朝食付きの条件で泊っているから、一階の小さなカフェ・レストランの朝食時に時々見かける、やせた中年キューバ人だ。もっとも、キューバで肥った人を全く見なかったが。

ある日、夕食を終えてホテルに帰ると入口でダニエルから声をかけられた。「サインをしてくれ」と。スケッチブックを持って出入りする日本人おばさんが珍しいのか、Keikoと書き、その下に漢字で桂子と書いてあげると声を出して喜んだ。

次の日はラウルという名前のドアボーイを連れてきて「絵を見せてくれ」と言うので　持ってるスケッチブックをぱらぱらめくっていると、五十年代のアメリカ車のスケッチを見たダニエルが「ちょっと来て！」と走り出したので二人で後を追うとホテル横の駐車場には私が描いたのと同じ車があった。トルコブルーの丸っこい車、ボンネットには羽を広げた金の鳥が乗っている。「あなたが描いたのは五十年型、この僕のは四十五年型、こっちの方がアンティークだ」。だからこっちの方が絵になるのではないか、みたいな事を言ったが私にはその違いが分からなかった。

キューバの薬

次の日、またダニエルを見た。「元気？」と挨拶してきたので「実は元気ではない」と答えた。朝からお腹が痛くて何度もトイレに行き続けているのだ。

ダニエルはいい考えがある、というように人差し指を立てて回廊に置いてある椅子を私にさし向け「待って！」と厨房に消え、まもなく得意顔で飲みものを運んで来た。

ジュース用の長めのコップには、透明の液体の中に何かの葉っぱが沢山つめ込まれていてストローがさし込んである。これはプレゼントだ、にがいのを鼻でつまんで一気に飲め、とジェスチャー入りで説明する。日本から持ってきた腹薬は効き目がなく、ダニエルを信用して一気に飲み干した。しばらくしたらお腹が暖かくなり、治りそうな気がしたが、その夜は一段と様子が悪くなった。私という女はなぜこうも簡単に人の話を信用するのかと自分を責め、わけの分からない飲みものを恨んだ。

次の朝、ホールでダニエルから「調子はどう?」と尋ねられて、昨日のお礼を言った後「治らない」事を伝えると一時間後に来なさい、と言われた。部屋で一時間程過ごして下に降りるとダニエルが待ちかまえたようにお皿に乗せた料理を運んできた。

里いも（たろいも?）をやわらかく茹でてつぶしたものだった。「そんな時はいつもマンマが作ってくれた。一日で治った。今日一日は他に何も食べないで」と言う。マンマという言葉が私の気持ちを暖め、とにかく全部食べ、その日一日、あまり動き回らないようにした。

……なのに治らない。私はレイコに電話した。彼女は電話口でいきなり「油です」と原因を決め、セイロガンなど日本の薬はキューバでは効きません、とつけ加える。まもなくセリアが車で来て、ロビーのテーブルに血の色をした液体入りの大きなビンをドンと置いた。

キューバではキューバの薬が良いですよ、私も五年間のキューバ生活で何度か、この薬のお世話になりました。と言いながら用意してきた深く大きなスプーンに、まっ赤な液体をとろとろと注いでいる。

お腹をこわした前日の夕食に鶏のから揚げを食べた事も聞かずに「油です」と言い当てたレイコの言葉と、セリアという日本人学生の言葉を信じて、血のような、毒色のような薬を飲み干した。

……効いた。トイレ通いがなくなった。あの薬は何だったのか、なぜあんな色をしているのか、今でも時々思い出す。

コヒマール村

元気をとり戻した日から遠出をした。

アーネスト・ヘミングウェイが住んでいたコヒマール村へ行くのに、寒村という事で、一日貸し切りタクシーを利用しようと、かなりねばって五十ドル（五〇〇〇円）にこぎつけた。

タクシーはこの真夏でもエアコンはなく、皆窓を開けている。この車の床の一部は破れていて道路が飛ぶように過ぎていくのが見える。「破れ」の近くに足を置かないように気を付けながらもっとねぎれば良かったなどと思った。

運転手にカストロの病気の具合を尋ねてみた。「フィデルのこと？」と聞き直してくる。国の代表者を名字ではなく、名前で呼び捨て、フィデルはトシだからねぇ、フィデルは好きだけど〜、と言う。

カストロは革命が成功した時「キューバにあるすべてのものを国民のものとする」と発表し、かなり裕福だった両親の農園や広い領地さえも取り上げて一般市民と同じアパートに住み「平等」という理想につっ走った。この事でカストロの母親はいつまでも息子を許さなかったと伝えられているが、逆にこの運転手たち国民は、この事でカストロを信頼しているのだ。

ドライバーは以前は学校教師をしていたが、観光客が増えてきたので観光業に替えたら少し給料が上がったそうだ。

長い海底トンネルを抜けると、いきなり強力な太陽が車の中に入ってきた。

店も民家もない、舗装されていない土の一本道には街路樹というより所どころにヤシの木があり、左側は見渡す限りカリブの海だ。

コヒマールの男の子

運転手が「ジュース飲むか?」と聞いてきたので「飲む」と答えると、車を止め、刃物のようなものを待って車から降り、ヤシの木に何かしたかと思うと、ヤシの実がドスンと音を立てて路上に落ちた。

その実を左腕に抱えて、今度は実の上の方の硬い部分を横に切り捨て、わたしに「どうぞ」とさし出してくれた。どんぶり位の実を両手で持つと中には液体が入っている。迷っていると、「美味しいよ」と言うので飲んでみた。甘くておいしい。半分飲んで戻すと、彼も残りを飲み干して空の実を根っ子の所に投げ捨てた。

コヒマールの長い海岸には何もなく、真ん中あたりにヘミングウェイの海の向こうを見つめる銅像だけが目を引いた。ここに自分の船を持ち、釣りを楽しみながら名作『老人と海』を書いたのだ。カジキマグロの釣り大会を催して、カストロが優勝したのは有名な話だ。

町に一軒だけあるレストラン「ラ・テレサ」に行ってみた。海岸は静かすぎたのに、中はカナダ人観光客で大騒ぎだった。中年女性のカナダ人から出会いのしるしにとダイキリという有名なカクテルをいただき、お店の人からは「カリブに来たら、まずラム酒でしょ」とモヒートを勧められ、あまり飲めない私だけど調子に乗って少し味わった。どちらもラム酒をベースにライムを加えたり、レモン汁を加えてシャーベット状になっていたりして、爽やかでおしゃれなランチだった。

ある日、ハバナ湾近くの公園でスケッチを終えたころ、若い男性が声かけてきて、筆洗で汚れた水を下水口まで捨てに行ってくれた。

その後、カフェでオレンジジュースを飲みながら少し話をした。年を聞かれたので逆に彼のお母さんの年を訊ねると、私と同じ位だったので「あなたのママと同じ歳よ」と答えたらしばらくじっと私

ハバナのタクシー

を見ていた。

その後、私はホテルに戻り、部屋の窓から見える広場いっぱいの古本市風景をスケッチしたあと、夕食に出かけようかなと思っている時、電話が鳴った。出てみると、ジュースの彼が「ダンスに行かないか」と言う。なぜ私のホテルを知っているのか、後をつけて来たのだろうか。

私はダンスや夕食を断り、フロントに、電話を取り次がないように頼み、その夜はホテルから出なかった。

キューバにはスリ、ひったくりなどの悪さをする人は一人もいない、と思っていたが、若い男がいた。以前もヨーロッパで夕方若い男性にディスコに誘われて断ったことがある。歌ったり踊ったりは大好きだけど、女の一人旅はこれだけが残念でたまらない。もっぱら観賞する側で楽しんでいる。

カテドラル広場にて

ハバナ旧市街の中心、カテドラル広場に行った。

相当古いバロック風な大聖堂（カテドラル）を中心に、その前の広場はスペインやイタリアにもある大聖堂広場になっていて、回廊のあるレストランやカフェなどの建物に囲まれている。レストランの客は室内にも回廊にも入り切れず、テーブルと椅子とパラソルが次第に広場の中央あたりまでせり出している。

ここの楽団員は多く、指揮者は台の上に乗っている。大聖堂の石の階段にはすき間がない程の聴衆で埋め尽くされていて、私もその一人だった。

中には、聴きながら両手先や指を曲に合わせて動かしたり、リズムを取ったりしていて真剣な目つきのセミプロ音楽家も多い。音楽に合わせてステッキを使って踊るおじいさんもいて、すぐスケッチさせてもらった。

階段に座っていた私の隣が空いたかと思ったら、すぐにすべり込んで来た若い女学生がいた。満面の笑顔で、台湾人で留学生だと自己紹介をしながら、手に持っている紙で包んだ炒り豆をさし出した。二・三個取り出して、二人でカリカリさせながら話をした。アジア人は身内のような気がする、と言う。私もそうだ。私は今だに外国で中国人、台湾人、韓国人に出会うと日本人との違いが分からない。団体なら遠くからでも分かるのだが。

次の日の朝、まだ観光客もまばらな時間に私はまた、広場に来て向いの階段に座ってカテドラルのスケッチを始めた。

まもなく、年配のキューバ人男性が来て、荷物の中から紙を取り出すと私の横のスペースに一枚ずつ並べ始めた。ノートぐらいの大きさにハバナの風景が水彩画で描かれている。

十枚程並び終えると、その人も石段に腰かけてカテドラルを描き出した。

偶然にも隣り合わせて同じ座り方をして、同じカテドラルを黙々とスケッチしているのがなんだかおかしい。

向こうもそう思ったようでお互いに自己紹介をすると、「マリン」と言う名前の彼はいきなり「ミウネは元気か？」と聞いてきた。だれだろう。「役者のミウネだ、日本の！」と言う。

スペイン語はHを発音しないからミウネはミフネであり、イロシマはヒロシマのことなのだ。

三船敏郎はアメリカなど外国映画にも多く出演して「世界のミフネ」と呼ばれていたのは知っていたが、まさか、ハバナに来たのだろうか、

音楽に合わせて
踊り出したおじいちゃん

「来たよ！　この広場に来たよ！　私はこの目で見たよ！」とマリンじいちゃんは両手も加えて得意げに話した。

あとで調べてみるとメキシコ映画「アニマル・トルハーノ」（邦題「価値ある男」一九六一年）に飲む、打つ、買う、のハチャメチャなインディオ男として主役で出ていて大変な人気だったそうだ。カストロもゲバラも三船ファンだったそうで、キューバへ招待されたという記録もある。

オスカル

ライブも始まり、観光客も増えてきた。

ミウネ効果で落ちついて彩色に入ったころ、今度は若いキューバ人男性が私の左側をうろうろした後に水彩画を並べだした。気づかなかったが、向こうにも二人、石段に腰かけて写生をしている人がいる。

どんな国でもこのような観光地では、絵を描きながらその場で売っている光景をよく見かける。その場所の獲得には暗黙のルールがあるのだろうか、ふと、私は立ち上がり、マリンじいちゃんと今来た青年に「この場所は誰のものですか？」と尋ねた。すると二人同時に「いえ、そのまま」「そこはあなたの場所です」と言ってくれた。

青年の名前はオスカルと言った。

彼は横で私が彩色していく過程をじっと見ていた。パレットに出している色を見たり、筆の質問をしたり、「紙をさわっていいか」と尋ねるのでさわらせると「いい紙」とため息をついた。値段を聞いてくるので画用紙一枚の値段をドルで答えると、ごにょごにょとキューバペソに換算して「ひぇー」

と声を出している。

次の日はお昼近くに広場を通った。

ホテルに置いている四号の紙をオスカル達にあげる約束をしていたのだ。マリンもオスカルも昨日と同じ場所で絵を描いていた。二人に一枚ずつ画用紙をあげると、オスカルは「約束を覚えていてくれたの?」と喜び、「ランチ済んだ?」と聞いてきた。オスカルが指差した方には地元の人達が行くごちゃごちゃとしたレストランが並んでいて、一人で入るには勇気がいりそうな所でも地元の人となら入れる、しかもおごってもらえそうな気配に気持ちが弾んだが、レイコの「油です」が同時に頭に浮かんできたので「済ませた」と断った。あ~あ、お腹をこわしてさえなかったらー。

オスカルはお礼に、と小さな絵をくれた。それはハガキ大の紙にチェ・ゲバラの顔を描いたもので似顔絵ではなく、木炭をこすりつけた黒っぽい絵で、きのう私が「いい」と言ったあの絵だった。五〇ドルの値がついていた。

今でもオスカルが描いた凄味のある顔の絵はハバナの思い出として大切に保存している。

メキシコにて

フリーダ・カーロ

メキシコに着いた。入国審査を終えてロビーに出たら、寒い、息苦しい、はき気がする。気がつくと、ここは標高二五〇〇メートル、空気が薄いのだ。

キューバからわずかな距離なのに、とんでもなくおデブさんの多い国だ。だから、のったりと動いていると思ったら、高山病対策のため、スリムな人もゆっくり歩いている。

高山病対策には水を沢山飲めばいいと聞いていたので、ひとまず水を買い、空港タクシーで暗い中をホテルに向かった。メキシコシティに夜着くことが分かっていたので前もって予約していたのだ。

その入口はホテルというよりバルに近く、手動のドアを開けるとロビーはなくてカウンターの奥に女性がいた。

泊まる部屋は、カウンターの横の階段を降り、ドアを開けると、四面の壁も床もコンクリートで、ガランと広く、遠くにベッドとバスルームがある。まるで地下駐車場だ。私は部屋に一歩も入らず、泊まらないと決め、お金を戻して欲しい事を言ったが、入口のガラス越しに見える暗闇の知らない街に出て今からどうするのか、が何も考えられなかった。

女性はあちこちに電話していた。やがて丁寧な様子で「姉妹ホテルの部屋が空いています。タクシーを呼んでます。タクシー代をこちらで持ちますのでどうか今夜はそちらにお泊り下さい」と言う。選択肢は他になく、ひとまずタクシーに乗った。

着いたホテルは普通の民宿で二階のその部屋には窓もついていた。

次の朝、外に出てみると、目の前の公園には数本のジャカランダの木が満開の紫色の花を咲かせていて美しい。

メキシコでは出来るだけ多くのメキシコ絵画を見る、と決めていた。特にリベラやシケイロスの壁画やフリーダ・カーロの絵。

はじめてフリーダの絵を見たのは一九七〇年のころ、美術雑誌だった。裸の自画像とでも言うのか、上半身裸の真ん中は背骨の代わりに機関銃が通っていて、全身、鉄板で巻かれ、乳房やおへそ周辺には五寸釘が刺さり、顔の二つの眉毛は一本に繋がり、口の周りにはうっすらとひげの生えた女性が挑むようにこちらを見据えている。

これが私のバス事故での九死に一生で生きてる正直な姿よ、という、およそエロティシズムとは無関係の裸体画が印象的だった。

いくつかの美術館を巡ったが、どこでもフリーダの絵を一番の目玉にしている。街を歩けばブティックにはフリーダの絵のTシャツや小物が置かれ、本屋にはフリーダの画集が山積みされ、アイドル並みの人気だ。自分の心の様子をまるで子供の絵日記のように描いていて、そのどれもが美しいとか、表現力だとか、およそ絵というものの概念を無視して自分だけを見続けるエネルギーはどこから来ているのか、メキシコ女性はそんなにも強いのか。

町の南にあるフリーダの家に行ってみた。晩年は寝たきりの体で絵を描いたというベッドや、特製のイーゼル、キャンバス、鏡などを見た。そんな闘病生活の中で、ロシアから亡命中のトロツキーや彫刻家のイサム・ノグチたちとの恋愛沙汰は、この家を舞台にして映画にもなった。夫のリベラに臭ぎつけられた愛人が二階の窓から庭の木に飛び移って逃げた、という逸話通り、窓に伸びてきている木の枝があった。「これか」と確かめたが細すぎてすぐ折れそう、などと結構、ミーハーを楽しんだ。

ポラドーレス

国立人類学博物館には会館前から気合を入れて並んでいたが、マヤ・アステカなどの膨大な巨石コレクションに圧倒され、見上げてばかりだったので首が痛くなった。途中、中庭を見つけて、リスが遊んでいるのを眺めたり青い花を見たりして、博物館にこんな オアシスを造るのもいいな、なんて妙なところに感心した。

博物館を出て、さてどうしようかと思っていると、どこからか軽快な音楽が聞こえてきた。太鼓や笛の音に誘われるままに木立を歩いていくと円形の広場に出た。

中央にポールが立っていて広場の周りには樹木の影に大きくて平たい石が不規則に並んでいて人々がベンチ代わりに座っている。私もひと休みしようと適当な石に腰かけると、まもなく隣に二人の女性が座った。

一人は八十三歳とはとても思えない美人のエリサと、もう一人は私と同年代、ハスキー声のしゃきしゃき女性エミリア、すぐに打ちとけた。

中央ポールで今からポラドーレスがあると言う。

民族衣装で飾った五人の男たちが四〇メートル程のポールの頂上に登り、一人はそこで太鼓を打ち鳴らし、あとの四人は体に紐をくくりつけた後、音楽に合わせて逆さづりのまま、鳥が飛ぶような仕草で、回転するポールにゆだねて踊る。紐が少しずつ長くなると回転ブランコの輪は大きくなって、きれいな鳥が羽根を広げて舞っているように見え、音楽も華やかさを増しながら、最後に四人が着地する。

古くは雨乞いの儀式から始まったお祭りだそうだが、以前、この逆さブランコの絵をどこかで見た事がある。不思議な絵だと思っていたが、これだったのか。

三人で思いっきり拍手をした後、食事に行く事にした。

立ち上がる時、エリサから注意を受けた。絵の具を入れたリュックをその辺にポンと置いていたからだ。せめてリュックの紐を握れ、と言う。「私なんか水でも身から離さないわよ」。彼女は小さな水筒を自分で編んだ袋に入れ、ひもを付けて腕に通している。

地下のレストランでランチを始めたとたんエミリアたちの質問が次々と飛んでくる。どこから来たのか、何しに来たのか、どこに住んでいるのか、そこはトキオ(東京)に近いのか、「フリーダは見たか」「見た」と答えると二人は声を揃えて「ムイビエン（良かった）！」と合唱した。フリーダ・カーロの絵を見た事がなぜムイ・ビエンなのか。

フリーダも彼女たちも私も皆女性、「見た」という事が、まるで女だけに共通する解放への合言葉のように感じ、フリーダを世に出したのは彼女たちではなかったか、などと思う。

エリザとエミリアはバス停まで送ってくれ、停まっていたバスの運転手と何かを話し、私をバスに乗せてくれて別れた。

バスはレフォルマ通りを走り、停留所ではない所に停まり、運転手に「セニョーラ、ハポネッサ（日本人の奥さん）」と呼ばれ、バス代はいらないとも言われて、私は運転手と乗客に感謝の挨拶をしてバスを降りた。ここから私のホテルは近いのだ。エリサ達は運転手に何と言ってくれたのだろうか。

ミス・ユニバース

近代美術館でのことだった。

入場券を購入する窓口にだれもいない、と思ったら係の職員が奥の方から出てきて、なにかあわてた様子で私に「入場料いらない、今日はタダ！」と親指を立ててＯＫ印を示しながら、視線をすぐに入口に移すので、私も今、入って来たばかりの入口広場をふり向いた。

私と同時に到着した白いバスをツアーの観光バスとばかり思っていたのだが、中から華やかなドレスを着たきれいな女性たちが一人ずつしなやかに降りてきている。

二十数人の美しい人達は、美術館には入らず赤レンガ壁の前で二人、三人とお互いに会話したり、ゆるやかにポーズをとったりして撮影隊のレンズに収まっている。

何かの世界大会なのか、彼女たちは皆、名前の書かれて帯をたすきに掛けていて、よく見ると「COLOMBIA」とか「ITALIA」などの国名が書かれているので私は「JAPAN」を探した。いた！

その日本女性は広く胸の開いた白いドレスを着て髪を後ろに束ね、遠慮深い動きをしていた。フランス代表やブラジル代表みたいに、もっと華やかに動いてみせればいいのに、と思いながら私も撮影隊に混ざって写真を撮った。

旅から帰って分かった事だが、あれはミス・ユニバース世界大会だったのだ。大会というのは一日で決まるものではなく、数ヶ月かけて容姿や動き、学力、会話、品性などを観察して審査の対象にするのだそうだ。

しかも！　ミス・ユニバースに決まったのは、あの白いドレスの日本人、森理世さんだったそうだ！白いバスが美人達を乗せて去った後も、美術館はいつまでも機能せず、入口もどの部屋も職員や係員のいない、もぬけの殻だった。メキシコ男達は仕事を放り投げて、どんな夢の続きを見ているのやら。

フリーダの絵を二点ばかり小脇に抱えて誰もいない正面入口から堂々と出ちゃうぞー。

大使館員

十日間の予定でメキシコシティーから西のモレーリア、北のグアナファトを巡る事にした。

地方の食事がどうなのか分からないので出発前日にソナ・ロサにある日本食レストランで「ごはん」を食べる事にした。「日本料理店」と漢字で書かれた看板を見て、飛び石の奥に見える玄関を見ては「高そう……」と敬遠してきた店だ。

メニューの中から「焼き肉定食」（八〇〇円）を注文した。メキシコ人ウェイターがカタコトの日本語で注文をとって行ったら、まもなく奥から中年の日本人女性が出てきて「メキシコの牛は硬いので豚肉ではどうでしょうか」と日本語で聞いてきた。彼女が経営者だろうか、すぐに「生姜焼き定食」に替えてもらった。

ごはん、生姜焼き、豆腐の味噌汁、漬物、ごはんや豆腐の硬さや味噌の味、なにもかもが日本のとは少しずつ違うが、なによりも懐かしくておいしい夕食だ。

お客のメキシコ人達も上手に箸を使っている。日本食は広がっているのだ、と思っていると、途中から隣の席から日本語が聞こえてきた。三十代と四十代に見える男性二人は日本大使館の職員だそうだ。

私も自己紹介して、これからバスでモレーリア、グアナファトを巡る話をした。モレーリアまで五時間ノンストップの切符も買っている。

二人は「バスは危ないからやめて下さい」と言う。では何に乗るのかと聞くと「ハイヤーにして下さい。日本人が事故・盗難に遭ったらわたし達が困ります。わたし達自身、移動はハイヤーにしてるんですよ」。

二人の公務員は「地下鉄も危ないから乗らないで下さい」と言ったが、もう三回乗っているのだ。どこまで乗っても二十円の、ぎゅうぎゅう詰めの地下鉄に乗り込むと、一度などは若いカップルの一人がスッと立ち上り、動くのも困難の中で席を譲ってくれた。そんな混乱の中でも駅に着く度にラジカセの大きなボリュームと共に物売りが入って来て、さらに大きな声で「キャンディ、キャンディ」とやり、また別の駅からは大きなバケツに商品を入れて、ぎゅうぎゅう詰めの中を大音響と共に動き回る。乗客は、それが地下鉄の日常だとばかり、物売りの通り道を空けてやっている。

圧倒的なエネルギーを持ったメキシコ民衆の日常光景を共有出来たのは、とても楽しかったのだ。

食事の後に念のため、近くに停まっているタクシーの運転手にモレーリアまでの代金を尋ねてみると六〇〇〇ペソだけど四〇〇〇ペソ（四万円）に負けてやると息まいた。バス代は二九〇ペソ（約三〇〇〇円）だ。ハイヤーで旅するなんてとても考えられない。

大使館の仕事って何だろうと思った。

天使の彫刻

モレーリア

モレーリアはどっしりとして古い大学町、町を歩いているとビルの二階の窓からおいで、おいで、が見えたので上がってみると五人の美大生が絵画の修復作業をしていた。これがだれそれの絵、と説明しながら、五十号程の古い油絵を修復している。奥にはひび割れの絵が山積みされている。

メキシコはカトリックの国、同じ宗教でもマリア信仰の国や人は多いが、モレーリアの町はさしずめ天使信仰とでも言うのか、町中の絵も彫刻も羽根の付いた天使だらけ、五〇〇号程のキャンバスに、ただひたすら、まんまる裸の天使がぎゅうぎゅう詰めで空に浮いている絵を見た。

グアナファト

急行バスがグアナファトのターミナルに着いた時には夜になっていた。街は遠いのか、周りには何もなく、真っ暗闇の中にタクシーが二台停まっているだけだ。

今夜のホテルをどうしようか、タクシー運転手にひとまず「ラウニオン公園」と言ってみた。この公園が旧市街にある事は知っていたのだ。広場とか公園とか呼ばれる所には、大聖堂やカフェがあるから、そこで尋ねれば何とかなるだろう、と思ったのは正解だった。

でも……運転手が「ここです」と車を止めた所は、ただの暗い地下道だったので「公園が見えない」と抗議して車から降りなかったら優しい運転手が一緒に階段を上がってくれ、そこがラウニオン公園だった。

夜中、と言ってもいい時間に子供や年寄り、カップル達が走り回ったり話したりしている。

そこで学生風の人に教えてもらった宿は石造りの分厚いアンティークのドアだったのでひとまず二泊の予約をした。

一日目にざっと町を巡り、興奮気味に宿に戻る。フロントに「五泊したいから安く出来ないか」と相談してみるとダメだと返事がきた。

このホテルはフロントを過ぎると中庭があり、そこから客室に分かれていく。廊下や壁、天井などのレリーフの格調が高く、置いてある調度品も気に入っていたのだが、一泊五七〇〇円を続けるわけにもいかないので、他のホテルを探すつもりで出口に向かっていると、経営者の男性が私を呼び止め「話を聞いた。五泊で二五〇〇ペソ（一泊五〇〇〇円、朝食付き）にしたい」と言うのでその場で追加分を支払った。

ヘンな街だ。山の中にぽっかりと中世都市が姿を現したような。

標高二千メートルの石畳の町は、平らな所が少なく、上がったり下がったりする度に全く別の風景が現れる。なぜこんなにゆったりと歩き回れるのか。気がつくと信号はなく、車が通ってないのだ。

車やバスは専用の地下道があり、地下のバス停にはベンチも置いてあり、下車したらベンチの横の階段を上がって地上に出る。利用者の多いバス停には階段の横にエレベーターがある。

三日目の朝、ホテルを出る時、二人のフロント係から小声で呼び止められた。ポケットの中から日本の千円札をそっとだして、これをメキシコペソにするといくらになるのか聞いてきた。「約一〇〇ペソ」と答えると二人の大男はお互いの顔を見合わせて「んー」とため息をついている。

以前に泊っていた日本人からチップとしてもらったそうだ。チップにしては額が大きいがペソがなかったのだろう。グアナファトの銀行では日本円をペソに両替出来ない。メキシコシティまでは行けないから私に替えてほしいと言う。

実は私もペソがなくなりかけているのだ。丁寧に断ったが、巨体男が二人して、背中をまるめて千円札に向き合って悩んでいる姿を思うと、おかしくてかわいい。今ごろは出会った日本人に運良く変えてもらっただろうか。

リベラ博物館

リベラ博物館が、なぜこんな山奥の町にあるのか、グアナファトに来るまで知らなかった。ディエゴ・リベラという名前は、中学校の美術で「メキシコ美術の巨匠」と習い、革命絵画というものが女の子の私にはうっとうしいような、たくましいような、汗臭い絵の記憶がある。

リベラはこの家で生れ育ったそうだ。

中庭を中心に部屋と回廊が巡る石造りの立派な三階建て、裕福に育ったのだ。壁には少年時代、青年期と、次第に民族の血にこだわっていく絵が並べられている。

博物館の中にいた数人の客達はまもなくいなくなり、私の靴音だけが石畳の廊下に吸い込まれて行き、係の人が私の様子を見ては次の部屋に案内してくれ、解説までしてくれた。わたしが見たかったメキシコシティにある壁画の場所も教えてくれたのは何よりも嬉しかった。

この旅の最後の三日間はメキシコシティに戻り、リベラに時間を費す事にした。国立宮殿の階段から回廊を埋め尽くしているリベラ最大の壁画「メキシコの歴史」に一日かけ、次の日には、見たかった「アラメダ公園の日曜の午後の夢」に巡り合う事が出来た。おしゃれなドレスを着て羽根付きの帽子を被った骸骨女性を中央に、自分達、知人、歴史上のメキシコ人、町に生きる人々を幅十四メートルの壁に描いている。人が生きることの滑稽、人間でいる事の悲哀、死ぬ事の日常性をさらりと表現している事に衝撃を受けた。

わたしは絵の前に佇んで自分のことなどを考えた。

その夜は、旅行中つけている日記に「リベラ発見」と書き、帰国の準備を始めた。

アルゼンチン　ジャカランダの季節

二〇一五年　冬

公園のあめ屋　ラセレナ

ジャカランダの花

ある日新聞に名刺くらいの大きさにジャカランダの花でいっぱいのカラー写真を見つけた。写真の上半分は花の紫色が空を覆い、下半分は散った花が路上を紫色に染めていた。

三十年前にリスボンで初めてジャカランダという花をスケッチした時は最初、「桜か？」とまちがう程のピンク色だったが、キューバやメキシコでは青っぽいのが多かった。

調べてみるとジャカランダの原産地は南米大陸だと分った。

こんな幻想世界の中に身を沈める事は可能だろうか。

それから一年ほど過ぎて、私も紫色に染まれる事が現実味を帯びてきた。

広いアルゼンチンのどこにあの風景があるのか、チリのどこにあるのか、そのころはまだスマホの日常ではなくて、ネットで調べる事も出来ず、情報が欲しくて大使館に手紙を出した。

私は南米の事は花や動物はおろか、気候や政治についてもほとんど知らなかった。私の周りの親しい人たちはそのことに加えて一人で行く事に反対し、「だってトシもトシだし」を必ず入れてくる。

そんな時、アルゼンチン大使館から重たい郵便物が届いた。ジャカランダについては一行も情報がなく、イグアスの滝や南部パタゴニアの氷河などの世界遺産の立派なカラー印刷物が入っている。美術館案内のカタログには国立美術館に赤い矢印で、「昨年、草間弥生展を開きました」などの手書きの文章が書き加えられていた。

ひとまず、国立美術館はキマリ、と小さなきっかけから旅の形が出来て行った。チリ大使館からはモアイ像などの写真を載せた観光冊子の他にエマ・アルバレスという名のカタカナで書かれた職員の手紙まで入っていた。こちらもジャカランダの情報や私の希望を調べるのに時間がかかったわりには大した成果もなくてと、つたない日本語を一文字ずつ力を込めて書いている手紙に感動した。

私は「モット細カイ事ガ分ラナクテスミマセン」、という結びのカタカナを読みながら、「いいのよ、いいのよ、ジャカランダの森なんか、すぐに探してみせますとも」と心に叫んでチリという国の人の素朴さからエネルギーをもらった気がして出発に臨んだのだった。

ブエノスアイレス

三十七時間の空の旅だった。

日本を出発した時は大型台風の一歩先を追われるように飛行機に乗った。十月下旬の寒い日だったが南半球のアルゼンチンは春に入っていて暖かい。

ホテルに荷を解いて一息つくと、旧市街散策に出た。「ブエノス・アイレス」とは「良い空気」という意味だが、普通の都会並みの埃りっぽさだ。街は堂々としていて、大きな石の建物が建ち並び、円柱の入口、壁には彫刻が置かれ、窓枠がレリーフで飾られたバロック風なビルも多く、マドリッドやパリにいるみたいだ。

古いマンションの中に旅行会社を見つけた。

ジャバラ式のエレベーターのドアを自分で開けて乗ると、止まった所は階のフロアとエレベーターの床との段差がまだ二十センチ程残っていたが、また動き出すのではないかと恐れて急いでジャバラのドアを開けてフロアに飛び移った。

このエレベーターの床は帰りも同じ段差で止まっていた。

会社には六十代の日本人男性がいた。今日は土曜日だから休みだけれど、少しだけ用事を済ませて今、帰るところだったと言いながら鍵をかけて、一緒に外に出た。

知らない国に来て、いきなり日本人と会い、日本語だけで話す、という運の良さは、これで数日分のパワーをもらう気がする。

歩きながら話をした。

まだ乳飲み児だった一歳の時、両親に連れられてアルゼンチンに来た移民一世だそうだ。ご両親はどんな夢とエネルギーを持って幼い子と共に船に乗られたのだろうか。

アルゼンチンは、第二次世界大戦中にも、日本人に対して追放や弾圧をしなかったので戦後も移民が続いたらしい。

話しながら歩いていて、足元にも気を使わねばならなかった。石畳の石の高さが異なっているし、石は抜け放題、前を歩いている若い人が足を引っかけて転びそうになった。私の身長程もある大きなゴミ箱に、人々は歩きながらごみを投げ入れたり、入らなくて周りに散り放題で歩道を塞いでいる。

道路事情は悪いのに、広場や公園、街路樹などには細心の注意を払っていて、植木職人、植物に水をやる人、掃除人たちが働いてる姿をあちこちで見かけた。

目の前に大きな枝ぶりの木が並んでいる所に来た。

「ジャカランダの花は私も大好きです。十一月に入ると、この辺りは青い風景になるのですが」と彼は言った。

青い風景に変わる……を楽しみにして、しばらくは美術館を巡ったり、隣国ウルグアイに旅しようかと考えた。

サルサ強盗

二日目の朝、大使館が教えてくれたＭＬＢＡ（現代美術館）に向った。十二時の開館なので、それまで近くを散歩していた時のことだった。

そのあたりは大小さまざまな公園があり、樹木も芝生も春さきの明るく芽吹いた緑色で美しい。あちこちから小鳥の声も華やいで聴こえる。こういう環境に気を使う国なんだ、と思っていた時、左腕のあたりに何かポツッと当たったような気がして左袖を見ると、白っぽい液体がべっとりと付いている。

左側を歩いている中年男性が上の樹木を指差して「鳥にやられましたね」と言う。鳥の白いフンは歩道でも沢山見てきた。

「そこの公園の奥に水道があります」と教えてくれた。朝からいくつかの公園を見て来たが、アルゼンチンの公園には水道もトイレもないんだ、と気がついたばかりだったのに、ここにはあるんだ、と深い樹木の中に入って行ったが、奥の暗い木影を見ても水道などありそうになかった。

あの男、でまかせを言って、と歩道に戻るつもりでくるりと反転すると目の前にあの男がいた！手に持ったティッシュを差し出して「これで拭いてあげます」と言う。

一瞬、ヘンだと感じて「ティッシュなら持ってます」と言うなり男から離れ、急ぎ足で歩道に戻り、信号待ちの数人の中に割り込み、信号を渡り、花屋の影に入って初めて後ろを見た。ついて来てはないが美術館が開くまでは動悸が治まらなかった。

その夜ホテルでガイドブックを読んでみると「サルサ強盗に注意」という見出しがあって「サルサソース（サラダ等に使う液体調味料のこと。私のはマヨネーズ入りだったようだ）を吹きかけておいて優しくティッシュで拭いてあげたりしてお金を盗む」とか、場所は「レコレータ通り」など、まるで私の事が書かれているようだ。

あの男は怪しそうな顔でもなく、優しそうでもなく、記憶に残らない普通の男だった。どちらかと言えば、優しくしてもらいたくはないタイプだったから逃げ果《おお》せたのかも知れない。

ブラウスをよく調べると油の塊りみたいなものが三か所もあり、バスタブで思いっきり洗い消した。

ウルグアイ

ウルグアイのコロニア・デル・サクラメントに行く事にした。

フェリーでラプラタ川を横断して一時間で着く事を知っていたので、九時発の船に乗るつもりで八時四十分に港のフェリー会社の窓口に行くと、あっさりと断られた。「遅い」と。

そうだった、国境を越えるのだった。私が時々利用する北九州の門司港から関門海峡を渡って下関まで行くような船ではないのだ。国境を渡るから、乗る前に出国審査を受けなければいけないし、着けばまたウルグアイの国の審査を受けなければいけない。

次の十二時四十五分発の予約をすると「十一時までには来て下さい」と念を押された。

コロニアでの宿は十室程のミニホテルだったが、植民地時代の建築らしく高い天井、重たい木造のドア、木の床、アンティークの調度品などに歴史を感じる。

三階の私の部屋のテラスには、テーブルと椅子が置かれているので、そこに座ってラプラタ川を眺めた。

静かだ。今、どこにいるのか分らない。近くのうす暗い林の中から鳥のさえずりだけが聴こえる。陽が傾きかけると、街灯の黄色い光が港の石畳をぼんやりと映し出している。映画の中にいるようだ。

次の日は朝早くから街を歩いてみた。高いビルはなく、車が旧市街の外側を走っているから信号もなく、公園や民家や街路樹以外の所はどこを歩いても良いような土だけの場所が面白い。

古い何かの遺跡だろうか、瓦が乗った赤い土塀を見つけたのでスケッチしようと塀の前に座った。観光客が二人横を通り過ぎると、あとは静かだ、と思っていると子供達のグループと、中年女性も横に来て子供達に座るように命じている。

小学五年生ぐらいの一クラス約十五人に先生が一人。野外授業で私が描いている土壁跡の歴史を勉強しているようだった。

でも……私はすましして描き続けるわけにはいかなかった。

私と担任とをとり囲んで子供たちは輪になって土に体操座りをしていて、私の筆がパレットの中で混色をくり返す度に小さな声を上げている。しかも私だけスケッチ用の携帯椅子に腰かけているから一段高くなって何だかヘンだ。

そのうち先生も笑い出して「あのー」と声をかけられた。

「これは何絵と言いますか？」から始まり日本がどこにあるのか、福岡は東京に近いのか、など会話した後、「子供達に日本語を教えて下さい」と言うので、「グラシアス」は「アリガトー」です、と言うと先生と生徒が「アリガトー」と合唱する。

この流れで「ブエノスディアス」は「コンニチハ」、「アディオス」は「サヨーナラ」とリズムをつけて教えた。生徒達と先生は「サヨーナラ」をくり返しながら手を振って学校に戻って行った。

日ウ親善？は、次の日にも別の場所でやる事になった。今度は中学生の野外授業に出会い、「写真を撮っていいですか」と声をかけてきたのが男性教師だった。その時は私のことを「オリエント女性」と呼んだ。

彩色用の水を汲んで来てくれたのは男子生徒だった。

ここでは私は坂の頂上で携帯椅子に座り先生と生徒は立ったまま日本の場所や食べ物などについて話した。じっとしてない子もいて坂をわざと転んで、体操選手のようにスクッと立ち上って見せて、先生から叱られている。楽しそうだ。

それにしても二日続けてとは。五百年の歴史がそのままの形で残っているので最高の社会や文化の授業なのだろう。

コロニアでの四日間は短かすぎた。ブエノスアイレスの喧噪に疲れたらまた、気楽に船に乗ろう、と思っていたが、この旅では二度目のチャンスはなかった。

あの穏やかな人々、あの夕暮れの哀愁に、いつの日かまた巡り会えるだろうか。

アルタ・グラシア

ブエノスアイレスのジャカランダはまだ三分咲きだったので、チェ・ゲバラが育ったアルタ・グラシアへ行く事にした。まずコルドバに宿をとる。大きな都市だ。中世にはすでにコルドバ大学やイエズス会の大学も出来ていて、そんな知の歴史が長年の町造りにも反映されてる様な気がした。

しかも驚いた事に満開のジャカランダをあちこちに見たのだ。アルゼンチンの季節は日本とは反対に北から暖かくなる。十一月に入ったばかりのコルドバはもう夏のようだ。

日本から着てきたダウンジャケットをブエノスアイレスに置いてきて良かった。

コルドバのバスターミナルは空港のように大きい。大陸というのは同じような土地がどこまでも繋がっていて、ペルーへもブラジルへもコロンビアへも、歩いて行ける。

同じような言葉を使い、同じようなDNAを共有しているという事は、国の違いというものが線を引いたような別世界ではなく、お互いのアイデンティティーは、皆同じ、という確信を持っているのではないか……などと考えると大陸という事柄がうらやましくさえ感じる。

コルドバからバスでアルタ・グラシアという田舎町に着くと普通の白い平屋をゲバラの家だと教えてもらった。

本名はエルネスト・ラファエル・ゲバラ・デ・セルナと言うそうだが、アルゼンチンでは「チェ」と呼ばれている。アルゼンチンの言葉で「えーっと」とか言うものだそうだが、彼はいつも何かを話す前に、「チェ」を使うくせがあったようで、革命仲間ではあだ名になっていたそうだ。

博物館のガイドも「これがチェの両親で」とか「チェはサンチャゴからリアを旅して」と、チェ、チェ、チェ、を乱発していたので私もチェの幼いころからの天真爛漫な写真を見たり、チェが旅したバイクをさわり、チェが遊んだ中庭を歩いた。ここでも学校の授業に使われ、小学校低学年の子供達に先生がチェの説明をしている所に出くわして、お互いに手を振って別れたりした。

彼は大学の医学生時代、南米大陸の国々を旅した。畑の仕事を手伝ったり、レストランでバイトをしたり、ハンセン病の医院で働いたりしながら旅を続けた。

メキシコで弁護士のカストロと出会い、革命に加わりキューバ独立の先鋒に立った。その後アフリカやボリビアの革命を指揮し、三十九歳で死んだ。ゲバラは「国」という概念をどのように持っていたのだろうか。

アルゼンチンタンゴを見た。

タンゴの神様と言われるカルロス・ガルデルの名前をつけた、二階席のある豪華な劇場だ。

バンドネオンの発する吐息のようなリズムと哀愁漂う旋律に合わせて、男と女の恍惚に満ちた官能の世界を、次から次へと汗を飛ばしながら踊る。

曲の最後には、女性の深いスリットの奥から見えるむき出しの太ももをお互いにからませて二秒ともたないような入り組んだポーズで決めて大喝采を浴びる、華やかなエンターテインメントだ。

ボカ

本場のタンゴを見たからには、タンゴ発祥の地に行く権利がある。なぜなら、その「ボカの港町」には一人では行かない方がいい、と聞いていたからだ。低所得者層の狭い町だから治安が悪いという。

遠い船の時代に船乗りや荒くれ労働の男や女たちから生まれたタンゴの素朴な匂いだけでも身をもって感じたいと思っていたのだ。

　ボカに行った。

観光客と、観光客相手の商売をする人でごった返し、その猥雑さが独特な光景だ。

狭いボコボコ石畳の路上はレストランのテーブルとパラソルでいっぱい、歩道が舞台になっていてタンゴを踊っている。そのすき間を通り過ぎると、タンゴを踊ってる写真がピンで止めて売られていて、すぐ横にはハガキ大のタンゴポーズを水彩画に描いた絵がいっぱい売られている。

　近くに木製のベンチがあった。絵を売っている中年女性が一人座っていて、横が空いていたので挨拶して座った。木陰でもあり、目の前にはここでしか見られない色とりどりに塗られた家屋を描きだした時、一匹の野良犬が私の足元に来ては臭いを嗅ぎ、ついにベンチの横の木にマーキングのおしっこをかけて行った。なにか臭う、と思っていたが犬の縄張りだったのか。

　隣りの女性は私の作業を見たり、壁のふもとで何かを売っている人を連れて来て紹介したり、ポットからマテ茶を出してごちそうしてくれたりした。彼女はハガキ大の紙にタンゴのきまりポーズを水彩画にして一枚約五〇〇円で売っている。話してる間にも英語を話す観光客が買って行った。

　次の日は早起きしてまたボカへ出掛けた。町は、まだ観光客のいない、店開きのテント作りを始めたばかり、きのうの夜の疲れを残したまま、けだるい朝を迎えている様子だった。

　昨日のうちに決めていた、意外と人目につかないスケッチポイントにさっさと携帯椅子を置いて描き始めた。

　少しずつ売り子の声やタンゴの曲が流れ始め、踊るカップルも増え、賑わい出した。

ボカ　タンゴ資料館

私の目の前を「マラドーナ！　マラドーナ！」とダミ声を張り上げて歩き回る男がいる。アルゼンチンサッカーの神サマ的な人のそっくりさんが水色と白の縞模様のユニホームに入った背番号一〇番を指さし、「マラドーナ！」をくり返す。

サッカーについてあまり詳しくない私でも、チームが勝った時のあの監督のマンガチックな喜び方をよく覚えている。近くにも有名なサッカースタジアムがあり、そっくりさんはいくらかのお金で写真を撮らせる商売をしている。ふと、この街灯の下は彼の縄張りではないかと思い、場所代のつもりで五ドル払って一緒に写真に収まった。「マラドーナ！」の声が遠くなり視野が広がった。

お婆ちゃんが来て、「日本人、絵描きさん、今日はここですか？」と握手を求められたので握手をした。独特な臭いのしみ込んだ、妖しい雰囲気さえ持っているこの街に観光客は団体でドッと来てタンゴを楽しみ、食べ、まもなくドッと引き上げる。そんな中で昨日も今日も目立たない所でじっとしていたのだが、地元の人からはしっかり観察されていたのだ。

ジャカランダ

ブエノスアイレスでもジャカランダの紫色が空を覆い始めた。沢山あるはずの枝が見えず、一緒に成長する葉っぱも見えない程の花のボリュームだ。

どこからか甘い香りがすれば、辺りを探し建物の裏にあの花を見つけたりする。

日当たりや土などと、どう関係するのか分らないが、花の色が青や紫だったり、たまにはピンクだったりする。花はノウゼンカヅラや桐の花に似ていて一輪の大きさは約五センチ立方あり、ボリュームが大きい上に枝の先に塊って咲き、散る時は椿のように花のまま落ちるから散ってもボリュームがある。

パレルモ地区の丘でジャカランダの森を見た。息を飲むような紫色の絶景。土には咲き終えた花が散って紫のじゅうたんになっている。誘われるように中に入ってみた。

森の一人占めを続けていると私の皮膚まで紫色に染まるような、甘い香りが身にしみ込んでいくような至福を感じる。

繁華街の中で迷っているうちに、高い塀の前に出た。塀を伝っていくと、そこは教会になっていて奥は修道院に続いているようだ。中を見せてもらった。

長い間、ひたすら佇んでいる石造りの男性修道院の中はひんやりとしていて暗く、揺るぎのない威厳を持っている。

修道院には中庭があり、驚いた事に回廊に囲まれた真ん中に一本のピンク色をしたジャカランダが天を仰ぐように咲き誇っていたのだ。

すり減った石段を上がると二階には、最近まで使われていた修道士たちの住居房が並び、廊下には重たそうな観音開きの窓が開けられ、そんな窓が部屋の前に点々と並んでいる。暗い回廊の、どの窓に近寄っても、見える風景は中庭に咲いているピンク色の花だ。

祈りに身を捧げる修道士達が、ひっそりと守ってきた秘密の庭。華やかに匂い立つような……。私は見てはいけないものを見てしまったような、心の騒ぎを覚えた。

ラセレナ

今のうちにチリの花も見ようと、飛行機に乗った。

ジャカランダが満開　ブエノスアイレスの春

ブエノスからチリの首都、サンチャゴに着き北のラセレナへ行く国内線に乗り換える、という一日は、運が悪かったり、良かったりと、色々な事が起きた。

搭乗前、腕時計が止まっているのに気がつき時計屋を探しているうちに、搭乗ゲートが変わっているのにあわてたが、なんとか搭乗に間に合って飛行機は予定通りに飛び立った。

まもなく窓の外は真っ白い山々、アンデス山脈を越えているのだ。夏なのに雪、それが氷のように太陽の光を反射して白さが増している。そんな自然の不思議を乗客に見せるかのように飛行機はしばらく雪山の尾根の道の上を飛んでいる。

サンチャゴの国際線ロビーで、国内線への乗り換え方を職員に尋ねたところ、彼は「こっちです」と言い、私のリュックを抱えて植物検査（旅行雑誌には厳しいと書いてあった）のカードにすらすらと勝手に記入してくれて、空港内を歩き、エレベーターを上ったり下ったりして国内線のイミグレの前で「良い旅を！」と言いながらリュックを戻してくれ、手を振りながら帰って行った。旅に出る直前に送ってきたチリ大使館員からの手紙もこのように優しくていねいだったのを思い出す。

ラセレナで見つけた宿は旧市街のまん中で約三八〇〇円だったのですぐに決め、部屋に入って驚ろいた。

絶対に壊れないもの、と思っていたリュックのミシン目が破れて中身が少し見えている。破れた所をつかんで一気に広げたら、紙を破るように簡単に全面が開いた。そこには衣料品などを入れた袋や画材を入れたデイパックリュック、化粧品や薬入れなどがぎゅうぎゅうに詰め込まれたままの姿で収まっている。機内に預ける時、投げられようが、蹴られようが落とされようが、なんともならなかった樹脂系の生地で作られた頑丈なリュックでも長年使うと、こんな壊れ方をするんだ。

町に一軒だけあるスーパーか雑貨屋の二階で見つけたスーツケースを買ってきて、中身を入れ替えた。十三年前、トルコからギリシャ縦断する二ヶ月用に買い、その後キューバ、メキシコなどでも使い、一人旅はこれに限る、と思い込んでいたものが……。今日でバックパッカーの日々は終った。大きく口を開けた空っぽのリュックに「長い間ごくろう様でした」と丁寧に挨拶して捨ててもらうよう、フロントに持って行った。ドタバタの一日の仕上げに思いっきりシャワーを浴びるつもりがポタポタとしか出ない、しかも水。

ラセレナは小じんまりとしたオシャレな町、ピンクのブーゲンビリアがあちこちに咲き乱れ、懐かしいチンドン屋が太鼓をたたき、笛を吹き、踊りながら通り過ぎたかと思うと、三輪自転車に赤や黄で色を塗った大きな飾り箱を置き、中には棒あめやお菓子などが積んであり、その上には色とりどりの風ぐるまが動き回っていて、おじさんが鐘を鳴らす暇もない程、子供が次々にやって来る。

次の日には、どこかの劇場でやる舞台の衣装を着た俳優達が宣伝のために歌いながら、練り歩いているのを見た。

サンチャゴ

チリの首都、サンチャゴに着いた。

都市の中を長く横断するマポーチョ川に沿うようにジャカランダの林が鬱蒼と咲き続いている。点々と数キロも続く紫色のうねりの影の中でカップル達が時を惜しむかのように抱き合っている。空は青く眩しい太陽の下でも林の中は甘い香りに満ちて、どこか切なく、人が皆美しく見える。

サンチャゴの街角

この日、気がついたら旧市街から新市街まで一日中歩いていた。

この旅では風邪もひかず頭痛さえしないが、歩き詰めの毎日に脚の筋肉のすべてが痛くて持ってきた湿布薬を使い果たしてしまったので薬局を探した。

このころ、通訳アプリなんてものを知らずいつも辞書に頼っていて「アシ、イタイ、ハル、ハガス、クスリアリマスカ」と単語だけをつなぎ合わせて尋ねてみると、名刺ほどの小さな湿布が六枚入りで一二〇〇円、他にハガキ大の湿布が四枚入りで一二〇〇、どちらにしますか、と言われて大きい方に決まってる、と思いながらも小さい方の袋を手に取って読んでみると薬名がHISAMITSUとなっていて、さらに、MADE IN TOSU JAPANと書かれている！　よく知っている鳥栖の町で作られた薬が地球の裏側で売られている嬉しさで、チリ製品と両方共買った。どちらもよく効いた。

チリではチリペソの現金を使う事はなかった。スーパーで一ℓ入りの水（一二〇円）一本買うのでさえ、カードで支払った。目の前にあるカード精算機に自分でスルーすれば店員がさっと領収書をくれる、とても簡単な仕組みだ。日本のカード支払いはいちいちサインをしていた。そのころ（二〇一四年）、チリは銅輸出で景気が良いが、画材もアルゼンチンなど中南米の中では一番質の良いのを売っていた。

チリでののんびりとした十日間はすぐに過ぎた。

サンチャゴの国際空港は設備の整った新しい空港、床は白大理石で美しい。その床は段差もなくトイレの中まで続いている。

トイレの順番待ちに並んでいて、ドアの設計に気がついた。各個室のドアの下が三〇センチ程カットされているが、用を足している人の足や靴の先は見えない。何か起きた時の対策として考えられたのだろうか。

私の後ろに赤ちゃんを抱いたお母さんが並んだ。赤ちゃんは空港中に響き渡るような泣き声を発し、母親の腕の中で反り返ってあばれている。

一番奥のトイレが空き、困り果てている若いお母さんに順番を譲ると彼女はお礼を言いながら急いで中に入った。続いてその隣りのドアが空いたので、私が入ろうとして中を見ると、あの赤ちゃんが私が座る便座の前をハイハイして横切り、三番目の部屋に向かうところだった。ドアだけではなく部屋と部屋の仕切りの下部分もカットされているのだ。泣き声が止んだと思ったら、母親の腕から逃亡中だったのだ。

次の瞬間、今度は母親の手が伸びてきて赤ちゃんの足首をぐいと掴み引っ張った。赤ちゃんはハイハイ状態のまま足の方から仕切りの壁の下を滑り、引き戻されて行った。赤ちゃんの目線からすれば、この美しい床は、スケートリンクみたいな広い遊び場に見えたのだろう。

ブエノスアイレス行きのゲート前で、コーヒーでも飲むつもりで席を探していると、一人の中年女性が立ち上り、「ここ、空いてますよ」と隣りの椅子に誘ってくれた。

四十代の優しい目をした女性と少し話した。チリに出張で来て、今日ブエノスアイレスに帰る、名前はグロリア・トゥビンタ。トゥビンタという名前は祖父からもらった名前です。祖父はインディアンでした、と言う。「あ、ネイティブアメリカンですか」と聞き直すと、彼女は「いいえ、インディアンです」ときっぱり答えた。

多くの民族をひとまとめにしてネイティブアメリカンと呼ばれるより、適格なDNAの先祖を持つという彼女の誇りは気持ちの良いものだった。勝手に呼称を変えて差別をなくしたかのように錯覚したのは私の方だった。

ブエノスアイレスに戻る飛行機の窓からアンデスの悠々とした白い山々を見ていると、先ほど出会った元気な赤ちゃんやインディアンの女性とが重なって思い出された。

ブエノスアイレス

飛行機がブエノスアイレスに着いて、ロビーの混雑の中で「空港タクシー」という看板を見つけた。行き先によって値段が決まっているので、ロビーの前に停まっているタクシー運転手と値段の交渉をする手間が省ける。

係りの人に行き先を申し込むと、「何語で?」と返ってきた。何か詳しい説明でもあるのだろうかと、ひとまず「日本語で」と答えると目の前に置いてあるパソコン画面に「日本語」という漢字が出た。続いて「セントロまで四十六ドル、今、払え」と画面の日本語が変ったので、その場でお金を支払うと、「車ない、十分待て」。その場で待ってると「座って待て」。近くの椅子に座ってる人達はタクシー待ちの人達なんだ、そういえばカウンターにいくつものパソコンが並んでいるのはいろんな国の人に対応するため、だったのか、

「今、来る」が画面に出て、運転手が迎えに来た。

それにしても、この荒っぽい通訳文、だれが教えたのだろうか。

十日ぶりにブエノスアイレスに戻ってきた。

この旅も残り一週間となり、思いっきりブエノスの街を歩こうと思い、ひとまず夕食は有名な「七月の日大通り」を越えてコロン劇場の裏辺りのレストランに入ってみたら当たりだった。

普通、一人でレストランに入ると良い席は与えてくれない。今日も柱の陰の席に案内されたので、座らずに「空いている、あの窓際に座りたい」と申し出るとウェイターは私の顔を見て表情をやわらげ、その窓際席に連れて行ってくれて、喜んで腰かけた私に向って、「ブエノスアイレスへようこそ」と言ったのだ。

ウェイターは私が日本人だと分ると「この度はツナーミ大変でしたね」と二〇一一年の東北大地震をねぎらってくれた。あの時テレビで放映された黒い津波が生きものの様に人や町を飲み込んでいく姿は今思い出しても恐ろしい。世界中にも放映されたのだ。私は「ありがとうございます」と返事をした。

東北大地震の前は、ヨーロッパのいろいろな所で「この度はヒロシーマ、ナガサーキ大変でしたね」だった。原爆被害をねぎらってくれたのだ。日本がどこにあるのか知らなくても原爆の事を学校で習うそうだ。私が感謝した後に「被害者は何人でした？」と尋ねてくる人もいて、最初はちゃんと答えられなかったが二度目からは正確に答えられるようになった。

この店のエンパナーダ（肉や卵やいろいろ野菜が入った、大きな餃子のようなもの）は美味しかったし、木の実の入ったフランスパンもおいしかった。ウェイターに一五〇円程のペソをチップにあげたらライムを二個くれた。

大統領府に行った。今、クリスティーナという女性大統領が国の仕事をしている所だが、建物の一部は一般公開され、博物館になっている。近くの大聖堂に行ってみた。現在のカトリックのローマ法王は初の南米出身者、それもここアルゼンチンの人で、パパフランシスコ（フランシスコ神父）として多くの人から愛されている。本屋の店先には表紙に「パパ」の笑顔の本が山積みされていて、週刊誌も「パパ」を付録にすると売り上げが良い、とキオスクの人が言っていた。目のくるくるとした笑顔のローマ法王はアイドル並みの人気だ。

聖堂の近くに中華料理店を見つけたので早めの夕食のつもりで中に入った。映画にでもなりそうな昔懐かしい老舗店で、ウェイターも、時々顔を出すお婆さんも中国人、家族経営の華僑の店のようだ。「やきそば」はとても美味しかった。

食事を終えて立ち上った時、窓側に日本人らしい三人を見つけたので挨拶してみると、やはり日本人だった。三人のうち二人は中年夫婦、あとの若い女性は私のように一人旅をしていて先ほど出会ったばかりだと言う。

私も加えてもらって、カフェで話すことになった。近くに百五十年も続いている有名な「カフェ・トルトーニ」がある。ガリシア・ロルカ達が集まっては美術・文化論を交わした所、当時のままの大理石のテーブルでチョコレートドリンクやアイスクリームでおしゃべりをした。日本語で話すのは楽しい。

夫婦の二人は仕事でブラジルに来ていて、あと一年で日本に帰る、今は十日間のバカンスでアルゼンチンに来ている。一人旅の彼女は三日後には日本に帰るそうでお茶の後別れて行った。

わたし達三人はホテルが近いので夜のブエノスアイレスの街を歩いて帰ることにした。フロリダ通りに入った。この通りは二キロ程続く遊歩道にブティック、レストラン、ギャラリー、書店、サッカーグッズ店、デパートなどがひしめき合っていて不夜城のように明るく、両替屋が三メートル置きに立ち「カンビオ（両替）！　カンビオ！」と声を枯らしている。

そろそろペソがなくなりかけてきたから替えなくては、と思いながら歩いていると、前を歩いている二人が私に「あの人、レートが良いそうよ」と言う。一人の男が夫婦の間に歩調を合わせて入り、すり抜け際に「レートが良い、ついて来い」とつぶやくように言ったそうだ。なんだか怪しい状況だが三人ならいいか、「行こ」と決めて先を歩く男の後を追った。

古いビルとビルの間の暗いすき間を抜け、どこかの裏口のような黒いドアに入るよう手で合図をされ、四人でぎゅうぎゅうづめの手動式エレベーターに乗り、電話ボックス程の狭い部屋で立って待たされ、わたし達は何か悪い事に加担しているかのように皆、押し黙り、男の合図を待った。

一人ずつ隣りの部屋に呼ばれ、（ここも狭い）壁に穴だけ空いている窓口にドルを置くと両替されたペソが無言で窓口に置かれた。私は二〇〇ドルが一九〇〇ペソになって戻ってきた。路上の両替屋なら一〇〇〇ペソというところだ。

帰りはエレベーターではなく、螺旋階段で降りるよう指示され、案内人のいない暗黒のすき間からすき間を黙々と歩き戻り、無事フロリダ通りのまぶしい明りの中に出た。

ギャング映画みたいだった。まだ、ドキドキしている。怖かった！　楽しかった！「一人だと、とてもついて行かなかったよね！」と三人で同じ事を言い合い、しばらく興奮を押さえ切れずに笑い合った。

噂に聞く闇の両替屋に、はからずも出会った夜だった。

帰路

帰る日が来た。

飛行機は夜に出るのでジャカランダを見納めようとサン・マルティン公園周辺を歩いた。内側から次々と爆発するように増殖を続けて咲き誇っていく花、それが今日は何か違う。天に向って弾けていた明るい紫色が灰色っぽく見える。花が散った枝からは鮮やかな葉が自分の出番とばかりに、はみ出して揺れている。

花は終わるのか、それとも別れを感じたとたん、私の脳が自分を操作して、花の色をくすませ、濁らせたのではないか、と疑ってもみた。

空港へ向う車窓の中からも沢山のジャカランダを見た。皆、何ごともなかったかのように花から葉へ脱皮していくのが見えた。


また、三十六時間の空の旅が始まる。

実際に飛んでいる時間はそのうち二十数時間だが残りの数時間のほとんどは乗り換えなどの空港で並んでいる。

出国、入国の審査で並び、荷物の検査で並ぶ。それが終わり、やっと飛行機に乗り込む時もまた並ぶ。乗る順番はファーストクラス、ビジネスクラス、エコノミークラス、航空会社によってはダイヤモンドやエメラルドなどの宝石名やゴールドなどのクラスがどこかに入っていて、呼ばれたクラスから乗り込むようになっている。

私はいつもエコノミーだから、大勢の人達と一緒に最後に乗り込む。

この区別はもちろん払った金額の差にあるわけで、椅子の幅やリクライニング度、飲みものの違いなどのサービスが異なる。

それにしても数時間か十数時間が飛行機の中という密室で同じ空気を吸い、同じ安全、危険さえも共有している割には、払う金額が違いすぎて不満は出ないのだろうか。

もしかしたらその不満を満足に代えるためにクラス名を派手に変え、支払い額の高い順から乗り込ませ、安い人は彼等を見送る形にするという、なんだか人の虚栄心をもてあそんでいるようで、侘しくもあり、コミカルな光景でもある。

ファーストクラス名を呼ばれてわたし達の前を通り過ぎる人はゆっくり入って行く。会社のお金で行くのか、自分のお金で行くのかと想像しながら見送る。

そんな時、十五センチ程のピンヒールを履いた、うら若い美人が注目を浴びながら一人、ゆっくりと通り過ぎる姿を見て、なぜかムカついた。飛行機になぜピンヒールか、だれがチケット代を払った！

ダラスで降りてまた、並びをくり返して何事もなかったかのように成田空港に降り立った。

ロビーに出て驚いた。目に見えるものすべてが美しく清らか。それに人々が軽々と動いていて、まるで水に跳ねる妖精のように見える。

出発の時は、何ともない普通の空港風景が、帰ってくると、なぜこの様に見えるのか、これもまた、脳の仕業なのか。
私は心の中で巡ってきた国々で出会った人々や風景に感謝した。
グラシアス！　ムーチャス・グラシアス！

バルカン幻影　　二〇一九年　夏

モスタル

大使館

また、バルカン半島に行くことにした。

ずっと前からイタリア縦断のついでにルーマニア、ブルガリアを巡ったり、ギリシャ一周のついでにクロアチアに行ってみたりと、バルカン半島の国々は本道ではなく、わき道みたいな形でいつも心のどこかにひっかかっていた。

ある日、雑誌でボスニア・ヘルツェゴビナのモスタールの橋が十六世紀のものと同じ石、同じ組み方で復元されている写真を見た。山あいを音を立てて流れる大きな川に渡されている、背の高いアーチ型の橋。アーチの内側には赤い屋根の家々に混じって教会の塔やイスラム寺院のミナレットがちらほら見えて、のどかな風景だった。長く続いた争いは終わったのだ。ヨーロッパの火薬庫と呼ばれてきたバルカンの国々もこんなにやわらかく、平和になったのだ。

今度は本道で行こうかと考えた。

ロシアを出発して興味のある国々をピックアップしながら南下していく、という案はなんとなく、すぐに決まった。

まだ行ったことのない、知らない国ばかりだ。

特に情報の少ないボスニア・ヘルツェゴビナやモンテネグロ、マケドニアは、東京にある大使館や領事館から情報を得た。

モンテネグロの領事館の人は、あちらで何か困った事があったら連絡してくれと、名前（マリアさん）と電話番号まで教えてくれた。困ったことがなくても会うつもりだ。

マケドニア大使館からも返事が来た。

つい最近（二〇一九年二月）、国名が変わり「北マケドニア共和国」になったと言うのだ。国名戦争とも言われているマケドニアという地名はアレキサンダー以来、近辺のあちこちにあり、今でもブルガリアやギリシャから反対されていたのが「北」を付ける事でなんとか決着がついたようだ。

一緒に行く友達を誘ったが二カ月は無理、という事で今回も一人で旅をする。

一人旅は自由気ままで良いが食事の時が寂しい。幸いにもバルカンの国々はオープンレストラン、オープンカフェが多い。広場や川岸などで人々の様子を見ながら食事やお茶が出来るので寂しくはないだろう。


パスポートの有効期限が残り少なくなっていたので、パスポートセンターに予約し受取りに行った。数人の受取り人に混って待っていると、順番でもない私が呼ばれて「十年で申し込まれてますけど五年のもありますよ」と言われた。

パスポートの期限は五年か十年かを選ぶようになっているので「予約通り十年にして下さい」と答えた。

次々とパスポートを受け取った人が出て行き、私が呼ばれて窓口に行くと、また「今なら五年に替えられますよ」と言う。

今まで何度もパスポート申請に来たが、こんな会話は一度もなかった。ふと、もうすぐ八十歳になる事に気が付いて「五年以内に死ぬと思ったんでしょう！　申請通り、十年にして下さい」と声を荒げて答えた。私の後ろに並んでる人達がドッと笑い、私も笑った。

係の人は「そんなつもりじゃないんですけど」と言いながらパスポートを渡してくれたが、他にどんなつもりがあるのだろうか。

問題はロシアのビザ申請だった。

ロシア旅行はバウチャー式と言って、ホテルや美術館、劇場、移動の列車など、すべての日時を決め、代金を前払いしなければビザが出ない。

今まではどんな国を旅しても、せいぜい二、三日後の事までは大まかに決めている程度で、自分の身を自由に保っていたのだが、ロシア滞在の二週間は列車の時間まで前もって決めなければならない。

最初に見つけた北九州にあるロシア専門の旅行代理店からは、何度もその会社のツアー旅行を進められて、がっかりした私は「ロシア、パス！」と予定を変更してみたものの、数日後に東京の旅行代理店からバウチャー式内であれば一人でも行けます、と聞き、あっさりと、ロシアを出発点に戻すことにした。

モスクワ

モスクワに着いての第一印象は普通のヨーロッパだという事だった。どちらかと言えばモスクワの建築の方が一つ一つていねいで入口や窓枠のレリーフが細やかで美しい。石で出来た建物の強みは、

聖堂の外壁レリーフ

長い間の国家の事情を難なく乗り越えて平然と街作りを担っていられることだ。

玉ねぎ屋根で有名なワシリー教会のある赤の広場が中国人であふれ返っていたのには驚いた。外国旅行というより、近所のお祭りにでも来ているような、ゴムぞうりを履いていたりしてラフな動きで写真を撮り合っている。

その日の夜はボリショイ劇場でオペラを鑑賞した。早めに入って予約席に座ると、まもなく隣りの椅子に日本人夫妻が着席した。ご主人はオーケストラの指揮者、奥さんはバイオリニストだそうで、お互いに挨拶をすませると、幕が開くまでビザ取得の苦労話をした。

中国人だとロシアビザはすぐ取れるそうですよ、と言っている。

オペラは、どっしりとした舞台装置に多くの歌手たちの声……体全体が反射体になっているかのような圧巻の声量の嵐に見惚れ、終わっても簡単に立ち上がれなかった。隣の二人に「凄かったですね」と感想を言うのがやっとだった。


モスクワからウラジーミルへ行く時もウラジーミルからサンクトペテルブルグへ行く時も特急列車に乗ったが、駅ではまるで空港のように検査があり、スーツケースなどの荷物はベルトの上に乗せてX線検査を受ける。

ウラジーミル駅は古くて大きな駅で、ホームから地上に降りるのにエレベーターもエスカレーターもなく、急な石段が三十段程あり、「凄いなー」と見下ろしていると、同じ列車から降りた人が「持ってあげましょうか、マダム？」と言うや否や、二カ月分の荷物の入ったスーツケースを持ち上げてトトトトと階段を降りて運んでくれた（私はこのあとずっとバルカン半島の国々で〝マダム〟と呼ばれた）。

皆、優しい人達ばかりだ。私は一日に何回「スパシーバ（ありがとう）」と言っただろうか。レディファーストや年齢ファースト（？）が自然と生活に入り込んでいるのがありがたい。

駅では何番ホームで待つのか、予約席の車両はホームのどの辺りか、駅員がいちいち客のチケットを見て教えている。私のようにロシア語が分からなくても、向うも日本語が分からなくても、今時の若い駅員は皆、スマホよりひと回り小さな携帯翻訳機に向けて話しかけ、日本語の翻訳音声を出そうとしている、が、もたもたしている。私と同じだ。この旅は国を次々と移動する予定なので、言葉を覚える事はあきらめて、知人の携帯翻訳機を借りていた。ホームの混雑している中で駅員と私は翻訳機を押したり相手の画面を見たりして、なんとか長ーい列車の予約シートに座った。

この機械はそのあと押しまちがえたりやり直したりを続けながら便利に使っていったが、一カ月が過ぎたころには言葉が分からなくても意思の疎通が出来るようになったので使わなくなった。

旅から帰って電源を入れてみたら「一泊いくらですか」というボスニア・ヘルツェゴビナ語の画面が残っているのを見て、一瞬、夢の中に戻り、あの時の不安、あの街の風景や匂いが蘇ってきた。

ウラジーミル

車窓から見える景色は、何時間も同じ、飽きる程の草原と十メートルはありそうな白樺の林、時々池や細い川、遠くにはぼんやりと低い山が見えたりしても、あとはどこまでも広い空だ。動いているものは空に浮かんでいる雲ぐらいか。

日本人の私から見ると、どこまでも続く広い草原が何にも利用されていないのがもったいない。ロシアは日本と同じ位の人口なのにケタ違いの大地に恵まれていて、こんな所ばかり見ていると、地球だとか宇宙だとか哲学などの発想が日常的に思い描けるのではないか、とさえ感じる。

モスクワからウラジーミルに移動しても空は広く、訓染みのない雲がいつも浮かんでいる。私の地元の北部九州なら今ごろは、強い光のせいでまっ白い明るさと濃い影とのバランスの強い入道雲が立ち昇っているはずだが、ロシアの雲は柔らかくて、少し色がついている。

それに寒い。

ジーンズの下にストッキングを穿いて寒さをしのぐつもりで店を探した。

商店、といってもどんな商店なのか、重たいドアを両手で開けるとまたドアがあって二つ目のドアを開けて、やっとお店の内容が分かる所が多く、なんとかストッキングをゲットした。

それでもまだ寒い。お店の人に尋ねて、近くのホームセンターみたいな所の階段を上ると衣料品店があった。入口に夏物ワンピースと冬物のコートが並んで飾ってあり、やっぱりねと思う。

赤いセーターを買った。このあとサンクトペテルブルグを出るまでの一週間は、真夏だというのに毎日セーターの恩恵を受けて助かった。

入口の二重ドアも寒さ対策なんだろう。この国の厳寒の冬に戦いを挑んだナポレオンの失敗はこういう事だったのか。

それにしてもロシアに入って不思議に思った事はロシア正教の教会の多さだ。ロマネスク風な建築もあり、五百年前、千年前の石の教会もあり、その石壁いっぱいに彫られた鳥や動物、植物や聖人達のレリーフには圧倒された。

ウラジーミルを訪れた目的は、そんな聖堂の一つ、町外れにある白く、美しいポクロヴァ・ナ・ネルリ教会を見る事だ。

「バガリューボヴァ駅から歩く」という情報通り、駅に降りてみると、ここもまた広い草原があり、先にはうっすらと低い山々が見え、広い空があるだけ、他には何もない。

駅前に、物干し竿みたいなものにずらりとスカーフをぶら下げて売っている四、五人のおばちゃん達がいるので尋ねてみると「あそこですよ」と草原の先を指差す。見渡す限り低い草だらけの奥に、そういえば樹木の塊りのようなものがあり、白い粒が見える。あれが教会なのか。

わーいやだ、誰があんな所まで歩くもんか、ギリシャのメテオラだって修道院の山の麓までバスや車で行けたではないか、などと思っている時、目の前を母親と娘のような二人連れが草原の中に入って行った。おばちゃん達も「皆、歩かねばならないのです」と、元気な歩きまねまで見せて追い立てるので私も笑いながら歩き始めた。

狭い道幅、昔は石畳だったかも知れないような、今では石がゴロゴロとあったりなかったりして歩きにくく、白いつぶはなかなか近づいてくれない。

やっとの事で到着すると、聖堂は樹木に囲まれて、白い細身の美しい姿で私を迎えてくれた。

聖堂の中に入ってみると、こんな辺境の地にも多くの信仰深い若い人たちが祈っている。

数時間、荘厳な光景を満喫して気が楽になって駅まで戻ると、スカーフ売りのおばちゃん達が大声で迎えてくれて携帯ポットからロシアンティーをごちそうしてくれた。

ガイドさん

モスクワの赤の広場と、サンクトペテルブルグの大通りは危いから三時間ガイドを付けた方がいい、とビザ申請の時に言われて申し込んでいたが、結果的には、赤の広場へはホテルが近い事もあって一人で何度も行って危ない事などはなかった。

それでもロシア人ガイドさんと話が出来たのは楽しかった。モスクワガイドのナターシャさんは金髪美人、大学で日本語を専攻したそうで、レストランのメニューに書かれている、キノコのボルシチ、黒パン、コケモモジュースなどのロシア語メニューを紙にひらがなとカタカナで書いて説明してくれた。

今まで多くのヨーロッパや中南米に旅して来たがロシアの若い女性達のように美人揃いの国はないのじゃないか、なのに年と共にみるみるガッチリと太っていくのはなぜか、と尋ねてみた。寒さ対策だそうだ。脂肪を多く摂りお腹まわりの肉を厚くする料理が多いそうだ。

サンクトペテルブルグのガイド、ケセーニャさんは映画「戦争と平和」（ソ連、一九六七年）の主演女優、イリーナを思わせるような美人で、長い金髪、ブルーグレイの瞳、静かな日本語で私の質問に対してロシアの自然の話を沢山してくれた。ネヴァ川を眺めながら「雪は好きです。雪深い朝に太陽の光が当たると白さがきらきらして、とてもきれいです」などと聞くと、美しい女性と美しいロシアの雪景色が重なって物語の中にいるようだ。

白夜

サンクトペテルブルグでは白夜を経験するのを楽しみにしていた。

エルミタージュ美術館の裏をバルト海に続くネヴァ川が流れている。美しい教会やおしゃれな店も多く、華やかな町だ。

最初の日も二日目も雲が低くたれ込み、夜はただ、普通の暗い夜空だった。

三日目の朝も曇り気味、街はずれの聖堂を描きに向っていると、後ろから来た男性が私を追い越しながら「リュックのファスナーが開いてるよ」と言うので見ると、デイバッグに使っているリュックの上部のファスナーが全開していて、パスポートや財布、スマホ、チケット類の大切なものはあるが、ポーチがなくなっている。ポーチの中には口紅と紅筆とヘアブラシを入れていた。

信号待ちをしていた時、チビの私のリュックが盗っ人の眼下にあり、都合良くファスナが開き、手を入れてみるとすぐに膨らんだポーチが掴めたのだろうか。

ヘアブラシなどホテルに置いとけば良いものを、よけいなふくらみが不幸中の幸いだった。

旅先のどの国でも一度や二度はホテルの職員や店の人から「リュックは前に下げなさい」と盗難防止の注意をされるのだが、それをやると、二年前に骨折した腰のあたりが痛くて歩きにくいのだ。口紅と紅筆はその後専門店で買った。紅筆はロシア製だろうか、ネジ式キャップではなく引っ張ったら筆がスッと飛び出してくるものを面白がって買った。

その後、聖堂をスケッチしてロシア通貨が少なくなったので銀行のATMに行った。カードを入れてボタンを押したら画面が止まり、カードも入ったまま出て来ない。

困っていると、かなり太ったロシア人中年女性が私が使っている同じ機械でさっさとキャッシングしてお金とカードが出てきた。私は彼女の手に戻ったカードに顔を近づけて見た。私のものではない。彼女はとても嫌そうな表情で何か言った。私はカードが出て来ない事を動作を使って伝えた。

それから約一時間、彼女は事の次第を銀行員に知らせ、ATMと銀行は関係ないとか、ATMの人は明日来るので私に、明日また来なさいとか言って無視されるのに対して本気で怒り、言葉は分らなくても「ヤポンスキー（日本人）」と何度も言っている。「遠い日本からやって来てるのに」とか「日本人を助ける気はないのか」みたいに聞こえる。怒りのついでに私にも大声で「あんたは黙って、そのソファーに座ってなさい！」と肩を押さえられた。

話し合いの末、支店長という人が私の前に立ち、「まもなくＡＴＭの会社員が来ます」のような事を言ったかと思うと、鍵をじゃらじゃらと下げた人が現れて、わたし達の目の前で機械を開いた。ちょうど日本のジュースなどの自販機のように扉が開かれ、奥の小部屋に私のカードが鎮座していた。

カードを受け取ると、ロシア人女性は大声で喜び、力いっぱいハグしてくれた。私は筋肉もりもりの両腕で締めつけられながら嬉しくて涙ぐんだ。その後、彼女は何事もなかったかのように銀行の重たいドアを開けて出て行った。

言葉も通じない外国人に対してこんなにも優しくできるものなのかと、豊かな気持ちになり、ひょっとしたら、リュックのファスナーは、私が閉め忘れていたのかも知れない、などと思った。

この旅を終えて二年程過ぎた時、ロシアがウクライナに侵攻したニュースが流れた。最初に頭に浮かんだのは彼女の事だった。私に出来る事はないか、彼女が今も元気でいることを祈るばかりだ。

カード事件の日の夜はレストランの窓側のテーブルで遅い夕食を楽しんだ。今日は朝からいろいろな事があったなー、としみじみ思いながら気が付くと、夜も深まったというのに空はしらじらと明るく、ネヴァ川沿いのエルミタージュ美術館や近くの民家の赤い屋根が見える。白夜だ。白い空に色がついてきた。シンとした赤色がゆっくりと静かに広がっていく。

サンクトペテルブルグの幸せな夜を、いつまでも満喫した。

プラハ

プラハの国際空港に降りてすぐ、インフォメーションでホテルを決め、市内までタクシーを頼むと、やって来たのは一九九センチの運転手だった。スラヴ系の人は背が高い人が多いのは知っていたが、さっそくだった。

ホテルでチェックインを済ませると、まずカレル橋に行った。約七百年前に出来上がるまで六十年もかかったという石の橋は、バスでも列車でも通れそうな巾広の安定感のある橋だ。ギターを弾く人、似顔絵描き、絵ハガキやオモチャ売り、などのパフォーマンスを見ていると、ここが橋の上である事を忘れる。橋の欄干には、ずらりと聖人の彫刻が立ち並んでいて、、長い年月の間に真っ黒く変色している。観光客は聖像を一体ずつ立ち止っては眺めている。

橋の近くにある作曲家のスメタナ博物館に行った。好きな曲を聴けるようになっているので、「我が祖国」を聴いているうちに、スメタナ好きだった父を思い出し、感傷的な気持ちになった。旅先では、ちょっとした事にも感じやすくなる。

その部屋は二階にあって、窓からカレル橋が見える。他に客がいなかったので係の人が窓を開けてくれ、絵も描かせてもらった。

プラハを離れる朝に、なんとなく旅行雑誌を見ていたら、カレル橋の欄干彫刻の一体にフランシスコ・ザビエル像がある、と書かれている。もう遅い。いつかまた来ることがあったら、ザビエルさんに会いに来よう。

チェコでは南部のボヘミア地方には、ぜひ行きたいと思っていた。

プラハ・カレル橋

プラハからチェスキークルムロフに直行する列車はなく、途中、チェスケー・ブジェョヴィッツェで乗り換えなければならない。

その日は早めにタクシーに乗り、駅に向った。運転手に、列車乗り換えの場合は切符はどこまで買ったらいいのか、と尋ねたら「自分にまかせなさい」と言ってくれた。

プラハ駅で運転手の後をついて行くと、彼は切符の自販機の前に立ったまま、しばらく動かない。私は近くの切符売り場の窓口に係員がいて、その上に行き先の「チェスケーなんとか」という文字を見たので、その事を運転手に伝えると、彼は返事もせずにその窓口に走った。

その走り方と言うのが……慌てふためいた姿というのか、体を進む方向に向ける余裕がなかったのか、自販機に向っているそのままの姿勢で四メートル程離れた窓口にカニの横這いのような、横走りをしたのだ。切符はすぐに買え、運転手がタクシーに戻って行く時は「バーイ」と手を挙げ普通の姿で歩いて行った。

私は時々あの運転手の走り方を思い出しては、クッと声が出る程笑い、暖かい気持ちになる。出発までの時間は充分にあったのに、中年男性のだぼっとしたジーンズ姿が、四メートル程の距離を急いで横向きに走る。姿勢を切り換える余裕が無かったのは、私に対する責任感からか、きっとあの人はとんでもなく素朴な人で、家庭では子供にとっても優しいパパに違いない、と思った。

チェスキークルムロフ

途中、乗り換えて目的のチェスキークルムロフ駅で降りたのは、地元の人と私との二人だけだった。駅はオモチャのように可愛く、駅前は絵本に出てくるような、ヨーロッパの田園風景だ。

ここでの四日間はじっとしていられなくて旧市街を歩き回った。緑の樹木の間の赤い屋根、その深い屋根には屋根裏部屋の小窓や煙突が付いている、あちこちに見える教会の高い鐘塔、街を丸くとり巻くヴォルダヴァ川、橋の先にはボヘミア王のお城や塔が丘の上に見える。

一二八段の急階段（数えた）を上って、さらに丘の上の公共の道か私道か分らない林の中を上ったり横切ったりして眼下に旧市街を眺めた時は〝この風景、全部わたしだけのもの〟と一人で興奮した。

このころになると真夏らしい気候が続き、街にはミニスカートの女性も増え、腕時計を外すと、白い跡がくっきりと残るようになった。

今からの旅は南へ、もっと暑い国へ移動していく事を思うと、私にはそういう国が合っているのではないかと、この贅沢な風景を前にして、日焼け防止については考えない事にした。

スタリ・モスト橋

モスタルに着いた。

念願の橋や川や町はどんな所か、ホテルを決めてすぐ、深いアーチ型の橋「スタリ・モスト」に向った。初めて橋の存在を知ったのは二十数年前、見た事もないスマートで堂々とした橋が深い峡谷に君臨するかのように跨っていて、まるで女王様のスカートだと命名までして旅の計画を立てたものの、出発直前に紛争でばらばらに破壊された橋の写真を新聞に見つけ、旅行を断念した事がある。

五百年も前に建てられて、美しい姿として愛されて来たこの橋は、紛争終結と共に、また同じ石、同じ組み方で復元された。

教会の鐘を聞きながら今、私は宿命の橋を渡っている、と自分に言い聞かせながら、復元され元の

スタリ・モスト橋

姿に戻ったら、破壊された事実はどうなるのか、人間の業の深さなどを考えた。

　橋を渡り終ると、まるで別世界、イスタンブールにいるみたいだ。建物が違い、店の商品が違い、女性はくるぶしまでの長いスカートに髪を隠すスカーフ姿で歩き、イスラムのアザーン（祈りの呼びかけ）が聞こえる。

　次の日に川の下流側から橋を描きに行った時、近くに三人のユダヤ教の男の子を見た。まだ子供っぽさの残る彼等はイスラエルの嘆きの壁に向って祈る人達と同じラビの服装をしていて黒い帽子、黒い上着、ズボンや靴、それに近くで初めてよく見たのだが両耳の上のもみあげを切らずに伸ばして三つ組に編んでいる。よほど楽しい話をしているのか、笑い転げておしゃれな上着に付けているひもや、三つ組のもみ上げがひゅんひゅんと飛び跳ねたりして、あぁこの子達も普通の男の子なんだと、当り前の事に気が付いたりした。

　ここバルカン半島は昔から支配権を握る民族が次々と変わり、入ってきた文化や宗教がそのまま残っていった。

　子供達は学校で言語の違い、宗教の違い、顔の違いを知り、他人を認める事から学習するのでいじめなど、ないんじゃないかとさえ思う。私のようなアジア系女性には一人も会わなくても何の違和感もなく、すーっと入り込める。

　少し広めの道路に、いくつかのパラソルを立てているオープンカフェでカプチーノを注文して、そんな賑やかな街の様子をスケッチしていたら、カプチーノ代を払ってくれた人がいた。年配のイギリス人観光客夫婦だった。同じパラソルの中で同じものを飲んで少し話をした。

　私は国を移動する時はひとまず飛行機に乗る事を考える。ここモスタル（ボスニア）からコトル（モンテネグロ）への行き方も、国が違うのでやはりまず、首都から首都への国際線の飛行機に乗る事しか頭になく、ホテルの人から「そこのバスターミナルからコトルにダイレクトで行けますよ」と聴いた時は、本当にびっくりした。そう言えば紛争前は一つの国だったのだ。国が分かれてもバスは運行しているのだ。

四時間ばかりで着きます、とホテルの人も切符売り場の人も言ったが、実際は七時間かかった。国境でのパスポート検査で長い間停まっていて、私の斜め前に座っていた女性が降ろされたら、バスはすぐに動き出した。

コトル

コトルに着き、旧市街に入って一軒目のホテルでは予約でしか受け付けていないと断られ、二番目に行ったホテルにチェックイン出来た。

このあたりのホテルの部屋は走り回れる程に広く、バスルームもエアコン関係も四つ星並み、朝食は食べきれない程のヨーロッパ料理のバイキング。

夕食のレストランが見つけられない時に飲み物などで済ませたことが何度かあったので、そんな時のために朝のバイキングテーブルに山のように盛られている果物をリュックのポケットに入れるようにしていた。特に小ぶりの青リンゴやスモモはおいしくて、他に西洋梨やほおづきの実も食べた。それでもホテル代は三千円から四千円代だった。全体的に物価は安く、歩いても四十分程の距離を、疲れていたのでタクシーに乗った時は一エウロ（一二〇円）だった。

この旅では国が次々と変わるので通貨に気を遣った。

コルナやデルナやマルカなど、日本に持ち帰っても何の役にも立たないので、カードを持参し、国に入ってすぐ、その国で使い切りそうな額だけをATMで現金化していた。

現金化出来ない場合のため、出発前にユーロとドルの現金を少しずつ用意していて、ユーロは役に立ったが、ドルはどの国でも断られた。旅の終りごろ「チェンジマネー」と看板をあげた両替屋でドルをユーロに替えて財布を軽くした。

コトルにはカフェやレストランは多く、それもあたり前のように路上にパラソルをずらりと立て、道を通る人はパラソルの下のテーブルやいすのすき間を歩く。角にはレストランのメニューがイーゼに乗せてあり、料理名を一品づつモンテネグロ語と英語で書かれているのをなんとなく読んでいると、背の高いウェイターがやってきて私に料理の説明を始め、メニューに書かれている英語の meat を指差し「ム〜!」と牛の鳴きまねをした。

英語の meat が肉というぐらい私だって知っているワイ、と反応した私は「日本では牛はモ〜!と鳴くのよ」と首を上に伸ばせて鳴いてみせるとウケたみたいで暇なウェイターは英語の chicken を指して「クコックコッ」と鳴き真似をするので「日本のにわとりはコケコッコーッ」とまた首を伸ばして鳴いてみせると通行人から拍手までされた。コトルの牛やにわとりの鳴き声は地味なようだ。

そんな開放的な下町をぶらぶら歩いていていつも話しかけられるのは
「どこから来たのか?」――「ヤパン」

「宗教は?」――「ブッディスタ」

すると親指を高く上げて「ＯＫ！　ＯＫ！　コトルへようこそ！」と、このような会話はいろいろな国で経験していて、私が何者か分かれば日本がどこにあるのか知らなくてもＯＫ！　仲良くやろうぜ、となるので「日本人」と「仏教徒」とはひとまず答えるようにしている。信仰心は浅いが……。

その若い男は身長が二メートル五センチあり、短いＴシャツを着ていて動きでお腹や背中が見える。そう言えば連日四十度の暑さの中で若い女性達はほんのわずかな布で体を覆っていて、超ミニスカート、Ｔバックの女性などは後ろから見ると生のお尻で町を闊歩しているように見える。解放の喜びを服を脱ぎ捨てることで表現しているようだ。

彼は短いＴシャツの裾をひらひらさせながら「服装が自由だと楽しいし、他人にも優しくなれる」みたいな事を英語を交えながら話した。そんな人に場所を尋ねると、分らなくて近くにいる人に聞き、その場所まで連れて行ってくれる。知らないとは言わないのだ。

私も日本の終戦直後を経験したが、あのころの大人達は、このバルカンの人達のように爆発的に自由を謳歌したのだろうか。

東京のモンテネグロ領事館で働く、「奥」さんという名前の女性から紹介してもらったマリアさんと会った。

彼女が住むブドバに行き、画材専門店に連れて行ってもらい、イタリア製の質の良いスケッチブックを買い、湾を望むホテルのレストランで食事をした。

どこまでも濃い青空の下にはアドリア海のエメラルドグリーンの湾、そこに飛び出している赤い屋根の旧市街が眼下に見える。

光輝く景色、とはこんな風景を言うのではないかと思い、食後のテーブルで絵を描かせてもらった。

マリアさんは広島大学で勉強されていて、きれいな日本語を話す。日本語のない日々を過ごしている私にとって、マリアさんとの会話は何よりも嬉しくて元気が出た。

オフリド

北マケドニアのオフリドには行きたい所があった。オフリド湖畔に、紛争があろうと国が変わろうと八百年も建ち続けている小さな聖ヨヴァン・カネオ教会だ。
バルカンの国々の移動はバスしかないようだった。コトル（モンテネグロ）からオフリド（北マケドニア）に行く方法は夜七時四十分発の夜行バスが一便あるだけ。十時間かかるそうだ、本当だろうか。

早めにバスターミナルに行き、チケット（三五〇〇円）を買い、バスが出る度に大声を出して案内している大男に確認してもらった。
行き先の違うバスが次々と来ては案内の大声が響く。その人は身長は二メートル以上、体重もかなりのガッチリ型の大男で声もよく響くが、なぜマイク、拡声器を使わないのか、
次第に暗くなってきて、聞き慣れない行き先の場所や発音が不安になり、私はまた彼の所に行き、チケットを見せて「まだ？」と尋ねると大男は例の声で「バスが来たらちゃんと教えてやるから、あの椅子で静かに待っとれ！」みたいに言われ、静かに椅子に座っていた。
予定時間を十分程過ぎたころ、大男が台の上からリズミカルに「マッケドーニャ・マダンム！」「マッケドーニャ・マダンム！」と繰り返し、私を指差して叫んだ。大勢の人達には私が通りやすいように両手で道を開ける仕草をしてくれたので、その隙間を通り、男が開けたフェンスのドアを抜け

てバスに向った。出る時、彼に目で挨拶すると、大男も顔をほころばせて頭を振った。

バスはいくつもの山を越えているようだった。

車窓から暗い闇の中に三日月が見えたり見えなかったりするので、その度にバスは南に向ったり西や東に回ったりしているのかと考え、月ばっかり追って一晩中眠れなかった。

オフリドに着いたのは、まだ暗い時だった。

とにかく、どこでもいいからと、湖沿いのホテルを見つけて入口のドアを押してみると開いた。薄暗い中にガードマンがいて「職員が出勤するまでロビーのソファーに寝てもいいですよ、テレビも自由に見て下さい」と言う。

しらじらと夜が明けてきたので湖のほとりを歩いてみた。

動くものがなく、音もなく、もやが立ち込める中で水面は白く光り、遠くに霞んで見える低い山々も、すべてが霧のように重なっている。

その幻の風景が刻々と、息を吹き返すかのように動き出して私に近づき、少しずつ色がついてくる。

この湖畔の町に滞在した四日間は、湖が目の前で変化していく姿に驚いてばかりいた。

オフリド湖は大きく、やや中央あたりに国境があり、東側が北マケドニア、西側がアルバニア領になっている。

朝九時にチェックインさせてくれたので荷物を部屋に置くと、ホテルでもらった地図を片手にカネオ教会に向った。

地図では湖のほとりに道があるのに、実際の道路は湖の手前で終わっていて、先にボートが浮かんでいるだけだ。近くにいる男性に尋ねると、「角を曲れ」と言う。道の終わりの横に民家があり、そ

湖の歩道

の塀のふもとに板が敷いてあるのでその板に乗って角の先を見ると、一メートル程の巾の板がずっと遠くまで繋がっている。

「これ、道ですか」と尋ねると男性も「道です」と答えた。

両側に柵などなく、水の深さは透き通って見えるが二メートル程だ。

これを浮橋と言うのだろうか、おそるおそる板の上を歩いて、レジ袋を持った主婦や自転車を押す男の子とすれ違うと、なんだか自分が広い湖の中の生きもののように感じた。

道は崖下の岩場の所で終った。岩場伝いを歩いて行くと山に登る坂道や石段があって、山の中腹には民家も見える。

またか、と思った。私はいつも情報不足のまま行動するので失敗ばかりする。このような高い崖の上に教会があるなんてホテルの人に聞いてなかった。

コトルの修道院でもそうだった。修道院からの眺めはエーゲ海まで見渡せる最高のポイントだったが、あんな石ころだらけの山道を登るとは聞いてなかった。骨折の腰の痛みは増すし、おまけに下りの小石ざらざらの坂で転んだときは、もう絶対、山には自分の足で登るもんか、と決めたばかりだったのに。

思えばバルカン半島は山ばっかりだ。それも樹木の少ない、乾燥した、ゴロゴロ石の山。山脈が半島を横切っていて、オフリドという名の語源もスラブ語の「切り立つ岩の上」という意味だそうだ。

なんとか最後の石をよじ登ると、小さなカネオ教会が樹木に囲まれて鎮座している。広大な湖を足元にはべらせ、崖の上に永遠に建ち続けているような、強烈な存在感を発している。

やっと着いた。

ドアを開けると、中は暗く、入口の椅子に座っている黒い修道服の男性は、八百年、彫刻のようにそこにじっと座っているのではないかと思う程、黙して動かない。

長い間、数えきれない程の人々の情念、祈りを受け止めてきた空気や、蝋燭の匂いがしみ込んでいる。壁に描かれているフレスコ画もキリスト生誕の絵のようでもあるが、黒く変色していてよく分らない。

次の日は孤高の教会をスケッチした。この方法でしか行き方はないそうで、それに、きのう、あれだけ不安だった水上の歩道や崖の場所、もう何もかも知っているから、今日は楽しみの方が大きい。自分でもゲンキンな女だとあきれてしまう。

そんな所にも次々と人が祈りに来る。年配の夫婦や幼い子を連れた人も。一度などはビキニ姿に裸足の若い女性が教会の階段を上がっている。そう言えば崖下の岩場で遊んでいる家族連れや、アウトドアベッドで肌を焼いている人もいたが、そんな泳ぎのあい間に登ってきたのか、いくら国が自由になったと言っても、あの姿で入れてくれないだろうなと思っていたら、やはり、すぐに戻ってきた。入口にいた、あの寡黙の男が立ち上がって、どんな怒りの言葉を出したのだろうか、と想像した。

ザルツブルグ

二カ月分の荷物が入ったスーツケースをゴロゴロと引いてバルカンの国々を巡るのは無理と思い、ヨーロッパの中央に位置するウイーンを拠点にして荷を軽くしていた。

なにもかもが未知、新鮮の国々を巡って、疲れる事もなくウイーンに戻ってきた。

ひと息つくと西方のザルツブルグ三泊四日の旅に出た。

久しぶりの列車の旅、切符売場の人に「二等席にしますか」の質問さえ嬉しくて「一等席（ファーストクラス）でお願いします」と調子付いて答え、追加の十ユーロ（一三〇〇円）を払った。

ホームで待っていると、入って来た列車のドアの上部に②や①が大きく印されている。①と書かれたドアの車内に乗ると、中はコンパートメント式になっていて、部屋の中には六人分の椅子がある。空の部屋があったので入り、座った。

列車が動き出すとすぐに制服を着た職員が来て「飲み物は何にしますか？」と聞いてきた。コンパートメントの客へのサービスだそうだ。

私がカプチーノを注文すると、まもなくカプチーノと小さなクッキーがお盆に載せられてきた。飲み終った頃、今度は車掌が来て、私のチケットの確認をすると、「あと五ユーロ払え」と言う。私はチケットに書かれている①を指して「ファーストクラスの代金は支払い済み」と粘ったが、どうやらこのコンパートメントの席はもっと上のクラスらしい。

私は五ユーロを断り、車掌のいうファーストクラスの席に移った。

先程いただいたカプチーノ代はどうなるのか、と一瞬頭をかすめたが、すぐに忘れた。

ザルツブルグにも、様々な過去があったはずだが、バルカンの国々を巡ってきたばかりの私にはどっしりと安定して何ごともなかったかのように見える。

モーツァルト像のある広場で、多くの人がグランドピアノの前に並んでモーツァルトの曲を弾いているのをしばらく聴いたり、モーツァルト橋のたもとにあるカフェをスケッチしたりした。

マドリッド

旅の復路はマドリッド経由に決めていた。

ウィーンから約一時間の近さもあって、未知の国々ばかりを巡り歩いた旅の仕上げに私の好きなアンダルシア地方で疲れを癒してから帰ることにしていた。

スペインは八百年（！）もの間イスラム世界だった。それが国土回復の後、現在に至るまでの約五百年、国を挙げてキリスト教文化を守り、今でも七割の人が熱心なカトリック教徒だそうだ。

それでもスペイン南部のアンダルシア地方は、イスラムやユダヤ、それにロマの人々が交わり、独特の文化を形作っているのが面白い。

グラナダのアルハンブラ宮殿は、丘の上の森の中に建っている、イスラム王の城だった。金ピカのものはなく、色石をふんだんに使い、特に石壁はレースのように透かし彫りに作られていて幻想的で美しい。

床はすべてアラベスク模様のタイル、部屋の仕切りに当時は厚手の織物が下げられていたそうだ。この織物のイスラム的な使い方を町のあちこちで見た。

グラナダの電車通り、バスも歩道もある、かなり広い道路でグゥーという何か聞き慣れない音がするので見ると、すごく大きな天幕が歩道からせり上り、次第に空を覆い、乗り物やわたし達を日陰の中に入れたのだ。グラナダのあちこちの細い道路でも時間を決めて二階の窓同士で白い布を引っ張り合って通り道に屋根を作る。布が風にゆれているのは美しく、下を通るのが気持ちいい。

わたしは旅行中のデイパックにいつも携帯温度計をぶら下げている。腕がひりひりと熱いなと思う時は、四十度を超えている。グラナダでの二日目は四十五度だった。今までヨーロッパの各地で四十五度を経験したが、すぐに近くの木陰に入ると、たちまち三度程下がってほっとする。

フラメンコ

夜にフラメンコを聴きに行った。

今まで何度か、大きな舞台で観てきたが、今回は一人なので少人数しか入らないサクロモンテの洞窟会場へ行った。

岩山を掘り削り住居にしている集落があり、その中の一軒が会場になっている。入口を入って、すぐ思い出したのはイタリア、マテーラ洞窟ホテルの部屋だった。アーチ型天井、壁や天井に残るノミのあと、ノミの刃の幅、形、アーチ天井の一番高い所は三メートル弱と、何もかもそっくり、この大きさや形が住居としての条件なのだろうか。

左右の壁ぎわに椅子が並べてあって、観客は左側の小さめの椅子に十五人程度、ギタリストや歌い手は右側に十二、三人程、踊り手はその間の二メートル弱の場所で踊る。

観客が揃った所へ、出演者たちが一人ずつ入ってきた。間近に顔を見た。皆、ロマ特有の鋭い目つき、骨ばった顔をしていて、もう、それだけで私はかなり盛り上がった。

目の前で演奏に入る前の息づかいを見た。それぞれの感情移入の瞬間に私も加わっているように感じた。

男性歌い手の祈るような「アイー　イー」が始まり、徐々に感情を吐き出すような声に変わり、それに合わせて手拍子と共にギターが加わり、息が止ったかと思うと踊り手も少しずつ感情を表して激しさを増していく。

踊る男女の汗が飛び散ってるのが見えた。

私の隣りには四人の若い女性達が座っていて、中の一人は修道女、黒づくめの服で身も覆っているが、隠されていない顔はまだあどけない十代の女の子に見える。前半と後半の十分休みの時間などギタリストの一人のファンでもあるのかキャッキャッと黄色い声を出して友達と喜んでいたり、店の人が色々な飲み物の入った箱を客の前に置き、自由に選ぶよう言ってくれた時など、私が迷っていると「これがおいしいよ」とコカ・コーラを取ってくれたりした。話を聞くとグラナダの修道院はこんな夜ふけの演奏会にもちゃんと申し出れば許可が下りるのだそうだ。

この、サクロモンテ周辺の昼間の風景はどんなだろうかと思い、グラナダにもう一泊して下町スケッチを楽しんだ。

コルドバ

コルドバの目的は昔のイスラム寺院「メスキータ」に行くことだ。

メスキータの近くにホテルを見つけたが入口の自動ドアに立ってもドアは開かない。体重が足りないはずはないのだがと、ぴょんぴょん跳んでみたらやっと開いた。後で分かったのはカウンターにいる職員が出入口に立っている客を判別してスイッチを押すのだそうだ。

三度目のメスキータ詣、門を入って、中庭は前もこんなだったかな、と樹木や草花を眺めながら寺院に入った。

マドリッド　ポストと宝くじ屋

中はうす暗く、数えきれない程の柱が森のように立ち並んでいて、柱と柱を繋ぐ上部アーチは赤レンガと白大理石が交互に使われている。

聖堂の中はこの赤白のアーチを持つ柱がどこまでも続いていて、他に金や銀の光るものもなく、壁画もなく、彫刻も椅子も何もない。

ここにいると、生きていく何か基準のようなものがなくなり、ただ存在しているだけで良いんだよ、と言われているような、得体の知れない感動を覚える。この感覚を味わいたくてコルドバに来た。メスキータ、健在だ。

ミハス

アンダルシア南端のミハスに行く事にした。知らない所だが白い町として有名なので、旅の終わりを気楽に過ごせそうだと思って決めた。

マラガからバスで二時間、丘の上の白壁だらけの町に着いた。

道路はすべて坂道か階段、こういう所は、角を曲ったり、ふり向いたりすると、別の風景に変わり、どこでも絵になる。日本に帰る前の日までここに滞在する事にした。

ホテル捜しだ。

どこから始めるか、小さな広場の所でなんとなく立っていると、いきなり日本人男性と出会った。近くでいくつかの店を経営している粥川さんという、その男性がスマホでホテル探しをしてくれる、と言う。

私もスマホを持っていて、いつもインターネット検索で何かと便利に使っているのだが、日本を出発して、モスクワに着いたとたん、画面いっぱいに「使えません」の表示が出た。何度やり直しても「使えません」が出てくる。スマホ会社との間に海外使用の契約が必要だったのだろう。自分でもバカか、と思う。だから旅の間、スマホの役目は電話と写真と時計のアプリのみだった。

「アマポーラ」という粥川さんの店に行き、彼はホテル捜しの電話、私は店の客に混ざってショーウィンドウや壁に飾られているネックレスやピアスなどを見て回った。

「来週大きなお祭りがあるのでどこも満パイです。フェンヒローラ（近くの大きな港町）を当ってみます」と言う。

フェンヒローラからここまでバスで三十分、三日間通うか……などと考えていたら「フェンヒローラのホテルもオスタルもダメのようです」。

今更また、二時間かけてマラガに戻っても……。この辺り、地中海沿いの観光地は海水浴、マリンスポーツ、夏祭りと、一年間で一番賑やかな季節だという事も考えずに、バルカンの流れのままふらりとやって来てしまった……。

まもなく近辺の山の中腹にあるホテルに決まった時は、飛び上がる程嬉しかった。

ホテルは近くの山の中にあり、オーナーの住居から山道を百メートル程歩くと三軒のコテージが建っていて、一番手前のが、私が泊まるコテージだった。

壁は石造り、床は無垢の厚板、ヒーター付きのキッチンの棚には食器類が並び、バスルームには美しいバスタブがある。寝室の外にはテーブルや椅子、パラソル付きの木製ベランダがあり、ここから眼下に遠く地中海が見える。

おしゃれなコテージだが、なにしろ夜には周りが真っ暗で怖い程、わけありのカップルの隠れ家にはぴったりの所かなー。

サン・セバスチャン通りから角の教会の入口までをスケッチしている時、スペイン人のおじいさんが教会のドアを指さして「今、入っても良いですか？」と尋ねてきたので「はい、もちろんです」と答えたら、喜んでドアを開けて入って行った。

私が閉じたドアを描いていたので、絵の邪魔にならないか、と気を遣ってくれたのだ。初めての経験だった。いつも、私の方が気を遣っている側なのに。

サン・セバスチャン通りを描き終え、いつものようにパレット類をバッグに戻し、最後に汚れた絵の具水を道路の側溝に捨てようと立ち上ると、バールのウェイターがその水をひったくるように取り上げ、近くの側溝に捨て、得意げに空の水入れを私に返してくれた。

そのウェイターは描き始めたころも「何か必要なものはないか」と気を遣ってくれたので「パレット置き台」を頼むとすぐ、踏み台みたいなものを持ってきてくれた人だ。

水入れを受けとり、踏み台を返して感謝していると、ウェイターの後ろから中年女性が声をかけてきた。

彼女の質問に「ハポン」と答えると、キャーッと叫び、私の両手を握り、「来年、東京行きます！オリンピック見ます！」とはしゃいでいる。

女性の「日本に行く」という言葉と、明日、私は「日本に帰る」という現実が重なり、一気に感情が盛り上って、ひと夏の出来事が走馬灯のように蘇り、旅の仕上げにミハスを選んで良かったと思い、ウェイターと彼女に「グラシアス（ありがとう）！　ムーチャス・グラシアス！」と声を挙げた。

あとがき　　ラテン・バルカンの旅を終えて

初めて海を越えて一人でスケッチの旅を楽しんだのは五十三歳の時だった。

それからは、日常のあい間に時々見知らぬ国々をスケッチして巡るようになった。それが自分に合っていたのか、気がついたら今、八十四歳になっている。

三十年なんて、本当にあっという間だ。

私は旅先では人々の中に入り込むのが好きだ。言葉が通じなくても、似たような生活をして、似たような感情を持っているから、同じ感覚で一緒に笑ったりすると、とても楽しい。

旅に出る前に知人からよく尋ねられるのは「治安はどうなの？」だ。知らない国に行くので治安のことも分らないのだが、国の形や顔つきが違っていても人は皆、私と同じように食べたり眠ったり、仕事をしたりして生きている普通の人ばっかりだろう、といつも思っている。

長い間、荷物はリュックに決めていた。

多くの国の旧市街は、石畳の歩道が多く、スーツケースをゴトゴトと引っ張って歩くより、ずっと楽だし、列車やバスの乗り降り、特に外国の列車の駅にはホームのない所も多く、線路上から乗り込む場合は両手で手摺を掴まなければならない。

なぜリュックにするかについて、年上の人から「あっ、逃げる時のためよね！」と言われた時は、笑ってしまった。逃げる事を優先するような国には行かない方が良いと思うが。

今まで旅をした三十年は円高時代で、為替のしくみなど何も知らず、日本で二ヶ月、三ヶ月の旅を続ける事など経済的にとても考えられないが、海外でなら出来ると単純に思っていた。まさか円安になり、今すべてがその逆になるとは。

どの旅行でも一日の経費を大まかに決めていた。宿泊代は必要経費だから、例えばポルトガル一泊二千円、スペイン二千五百円、イタリア三千五百円、などと決めていて、宿泊代が予定より安くついたら何かおいしいものを食べよう、と決めていた。食事の方が宿泊代より高くついた事もあるが、食費を押さえたい時は、中華料理店の「焼きそば」にした。

二十六年前のローマで「パスタ」は七百円、近くの中華料理店の焼きそばは六百円だった。北スペインのピレネー山脈の麓の小さな村でも、ハバナでも、ブエノス・アイレスでも焼きそばを食べた。味に当たりはずれがなく、美味しいのだ。

旅に出る度に華僑の凄さを感じる。中国人はどこにでもいて、その国の文化を取り入れながら、しっかりと自分たち民族の場所を確保し広げ、一族を増やしていく。

ハバナの中華街で食事をしている時、映画でしか見た事がない、弁髪姿のおじいさんが横を通って行った。小さくて痩せた体で背すじを伸ばし、白く長いあごひげ、頭のてっぺんを剃り、後頭部の髪を切らずに伸ばしたまま三つ組にして、それも髪の量がないのでひも状に見えたが、背中あたりまでふらふら揺れていた。

中華民国のころに弁髪禁止令が出て百年は経つのに、遠いキューバの地では、独自の中国文化が残っているのだろうか。

「写真を撮って、その写真を見て絵を描いたらどうか」と言われる事がある。

私には写真を見て描く、という発想はない。時間をかけてやってきた憧れの風景の中に、身を沈めるのが好きなのだ。

一時間か二時間、そこにいれば風景は自分のものになり、その町の人々との思い出は一生残る。三十年前に描いた絵でも、それが北九州、門司港のスケッチだろうと、ポルトガルのスケッチだろうと、今でも同じ場所に立つ事は出来る。

描いてる時に「いくらか」と聞いてくる人がいたり、コーヒーをご馳走してくれた人もいた。話しかけてきた人を通行人として絵の中に描き込んだりもした。

一枚一枚の絵に私だけのドラマがあるので決して忘れることはない。

ただ一度、失敗した事がある。三十年前、訪れた北スペインの千年前の石橋の絵が気に入らず、帰国してから手を加えた。自宅だから時間は充分あるので筆を加え過ぎた。出来上った絵にはスペインのカラッとした空気がなくなり、まるで日本の落ちついた風景画になってしまった。

この時以来、スケッチはその日仕上げと決め、帰国しても絶対に手を加えない事にしている。だから描いてる途中に雨が降り出したり、時間がなくて仕上ってない多くの絵は、思い出を抱いたままずっとスケッチブックの中で眠っている。

二〇二四年六月

田代　桂子（たしろ　けいこ）
1940年生まれ。画家。
福岡教育大学卒業後、8年間、高校で美術教師をした後、
フリーとなる。
コンクール、団体展、グループ展、個展などで作品を発表。
画文集に『ノスタルジア・ポルトガル』『スペイン・ロマネスク』『イタリアの風』『ビザンティンの庭』『ハバナとジャカランダと』『バルカン幻影』（石風社）がある。

ラテン・バルカン　スケッチひとり旅

二〇二四年十一月一日初版第一刷発行
著　者　田　代　桂　子
発行者　福　元　満　治
発行所　石　風　社
福岡市中央区渡辺通二―三―二十四
電　話　〇九二（七一四）四八三八
ＦＡＸ　〇九二（七二五）三四四〇
http://sekifusha.com/
印刷製本　シナノパブリッシングプレス

ISBN978-4-88344-328-4　C0095